# 非营利组织管理学习指导

## （修订版）

宋晨枫　黄波　谢炜聪　吴乐珍
古小华　陈岩　编

·北京·

## 图书在版编目（CIP）数据

非营利组织管理学习指导 / 宋晨枫等编. -- 修订本. -- 北京：中国经济出版社，2020.12
ISBN 978 - 7 - 5136 - 6033 - 4

Ⅰ.①非… Ⅱ.①宋… Ⅲ.①非营利组织 - 组织管理 - 教学参考资料 Ⅳ.①C912.21

中国版本图书馆 CIP 数据核字（2020）第 023227 号

| | |
|---|---|
| 责任编辑 | 李若雯　王　帅 |
| 责任印制 | 巢新强 |

| | |
|---|---|
| 出版发行 | 中国经济出版社 |
| 印 刷 者 | 北京九州迅驰传媒文化有限公司 |
| 经 销 者 | 各地新华书店 |
| 开　　本 | 880mm×1230mm　1/32 |
| 印　　张 | 6.875 |
| 字　　数 | 115 千字 |
| 版　　次 | 2020 年 12 月第 2 版 |
| 印　　次 | 2020 年 12 月第 1 次 |
| 定　　价 | 19.00 元 |

广告经营许可证　京西工商广字第 8179 号

中国经济出版社 网址 www.economyph.com 社址 北京市东城区安定门外大街 58 号 邮编 100011
本版图书如存在印装质量问题，请与本社销售中心联系调换（联系电话：010 - 57512564）

版权所有　盗版必究（举报电话：010 - 57512600）
国家版权局反盗版举报中心（举报电话：12390）　　服务热线：010 - 57512564

## 目 录

第一章 非营利组织概述/1

第二章 非营利组织的理论基础/17

第三章 国(境)外的非营利组织/31

第四章 中国的非营利组织/43

第五章 非营利组织的战略管理/61

第六章 非营利组织的财务管理/77

第七章 非营利组织的人力资源管理/91

第八章 非营利组织的项目管理/113

第九章 非营利组织营销/129

第十章 非营利组织的评估/147

参考答案/160

后　　记/213

# 第一章

## 非营利组织概述

# 一、本章知识结构

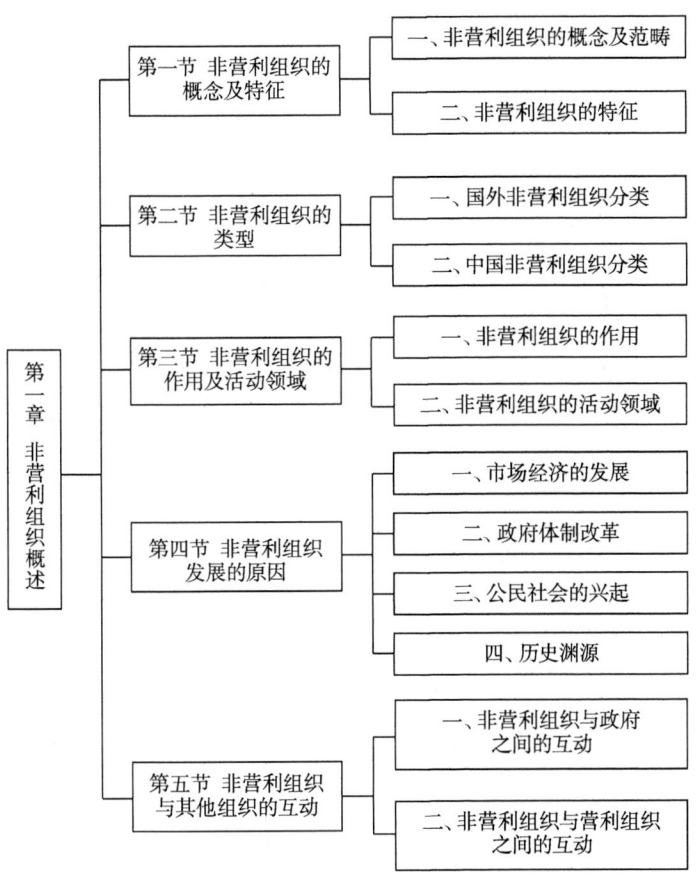

## 二、基本概念

1. 非营利组织：是指组织的设立和经营不以营利为目的，且净盈余不得分配，由志愿人员组成，通过志愿行为向社会提供公益性服务，实行自我管理的、独立的、公共或民间性质的组织团体。

2. 非营利组织的非政府性：也称为民间性，是指非营利组织不是政府的附属机构，组织的决策和行为不受政府机构的控制，即体制上独立于政府，既不是政府的一部分，也不受制于政府。

3. 非营利组织的自治性：即自主治理，也就是说非营利组织按照内部的规章制度控制自己的行为，实施自我管理，不受其他类型组织的干预。

4. 互动：指的是社会上个人与个人、群体与群体之间通过语言或其他手段传播信息而发生相互依赖性行为的过程。

## 三、重点与难点问题解析

（一）如何理解非营利组织和非政府组织、第三部门、志愿者组织、民间组织、公益组织、公民社会、慈善组织、中介组织、草根组织等组织之间的关系？

非营利组织和这些组织之间不存在本质的区别，只是由于侧重点不同称谓不同而已。

1. 非政府组织侧重于与政府的区别，强调它们既不是政府机构也不是其附属机构，是独立于政府体系之外的一种组织。而非营利组织侧重于与企业的区别，强调这些组织不是企业，不以营利为目的，是独立于市场体系之外的一种组织。

2. 第三部门是相对政府和市场而言的，强调它们与政府、市场是平行的第三体系。

3. 志愿者组织强调这些组织的运作在很大程度上依靠志愿者在时间、精力和资金上的投入，强调非营利组织的志愿性特征。

4. 民间组织主要是我国政府对非营利组织的称谓，我国民政部门内设立了民间组织管理机构。

5. 公益组织主要强调了组织的目的，即该组织的存在不是为了私利，而是为了公共利益。

6. 公民社会从社会关系讲意即非营利组织,但它的外延更为广泛,这一概念包括若干基本要素:一个公共权威之外的私人活动空间(市场、家庭、社团等);由私人活动逐渐产生公共领域;一个外在且独立于国家的社会,一个具有高度自主性的社会;等等。

7. 慈善组织侧重于强调组织的资金来源于私人的慈善性捐助,而非政府的财政拨款。

8. 中介组织强调这些组织处于政府、市场与社会之间,是联结政府、市场与社会的各种中间组织,既有营利中介组织也有非营利中介组织。

9. 草根组织特指非营利组织中那些扎根于城乡社区的基层民众组织,侧重于发展中国家的基层组织。

## (二) 如何理解非营利组织的特征?

1. 正规性,即组织性,一般是指国家法律许可、注册登记的社团法人或财团法人。经过注册登记后,该机构就获取了合法的地位,对外交往以法人的身份展开活动。其一,体现为这种组织到政府部门登记注册以及由此延伸出来的合法性;其二,体现为在组织内部有明确的规章制度、组织结构、组织行为和组织成员。

2. 非营利性,这是非营利组织的首要特征,是它们区别于企业的根本属性。在市场经济条件下,企业千差万别,但都是以获取利润为目的,不存在非营利的企业。但非营利组织则不同,它们不是企业,而是非营利的社会组织。

3. 非政府性，也称为民间性，是指非营利组织不是政府的附属机构，组织的决策和行为不受政府机构的控制，即体制上独立于政府，既不是政府的一部分，也不受制于政府。这是非营利组织区别于政府的根本属性。值得注意的是，说非营利组织不是政府部门的一部分，也不由政府人员来控制，并不意味着它们不能得到或不接受政府的有力支持，也不意味着政府人员不能参加非营利组织的管理机构。这里的关键在于非营利组织在运行机制上是民营的，它是一个独立的、不受政府控制、按照自己的内部管理程序独立运作的机构。

4. 自治性，即自主治理，也就是说非营利组织按照内部的规章制度控制自己的行为，实施自我管理，不受其他类型组织的干预。非营利组织是独立自主管理的组织。在合法的前提下，非营利组织按照组织内部的规章制度实施自己管理自己的活动，有自己独立的决策权和执行权，不受政府的干预，其章程由成员自行制定和修改，组织的宗旨、业务范围、重大活动以及管理机构的组成、解散等问题，由组织成员自己决定。除此之外，非营利组织也不受营利组织的干预。

5. 志愿性，即人们参加非营利组织都是自愿的，甚至有一些人参加非营利组织的活动是不求回报的。非营利组织的主要社会资源是源于具志愿精神的志愿者和社会捐赠。这是非营利组织最具特色的一个属性。

6. 非政治性，即非营利组织在政治上采取中立立场，既不与政党结盟，也不卷入推举公职人员的党派斗争。

## （三）与国际社会相比，我国非营利组织发展的不足之处及其形成原因是什么？

从严格意义上来讲，中国的非营利组织，尚有一些方面不具备条件，突出表现为其非政府性和自治性不足。这是因为我国的非营利组织中有相当一部分团体挂靠于政府，官方色彩比较浓厚。

一方面，由于历史的原因，在我国，一些层次较高、规模较大、群众基础较好的群众团体，如工会、妇联、共青团、残疾人联合会等，与政府形成了比较特殊的关系，即虽然挂着非政府组织的牌子，有正规的组织体系，以非营利的特征服务于公众，但这些组织的人员构成和运行方式却是官本位的，官方色彩比较浓；另一方面，有相当一部分志愿团体为了谋求较高的合法性和获得政府的财政支持，也多挂靠于政府机关，这样一来，就使得第三部门中相当一部分的团体抹上了半官半民的色彩，这在一定程度上影响了其自治性的特征和自主性的发挥。

## （四）我国对非营利组织是如何分类的？

1. 根据服务对象的不同，可将我国非营利组织分为公益性非营利组织和互益性非营利组织。

2. 按照非营利组织的性质和职能，可将我国非营利组织分为七类：教育、研究组织，医疗保健组织，学术、文化组织，群众、团体组织，慈善基金组织，协会、联合组织及其他组织。

3. 根据组织产生的途径划分，可将我国非营利组织分为三类，即官办型、民办型和官民合办型。

4. 按照法律地位划分，可将我国非营利组织分为法定非营利组织、草根非营利组织和未定型非营利组织。

5. 按照是否登记注册来划分，可将我国非营利组织分为已登记非营利组织和未登记非营利组织。

6. 目前比较符合我国国情的分类标准是大体参照我国现行法律法规体系而进行的分类，具体分为：社团法人、民办非企业单位和基金会。

## （五）哪些因素推动了非营利组织的产生和发展？

非营利组织的产生不是偶然的，它的兴起有着深刻的经济、政治和社会等方面背景。非营利组织的产生与发展是下列多重复杂因素相互作用的结果。

1. 市场经济的发展。市场经济的存在和发展是非营利组织产生和发展的根本原因。这主要表现在：首先，市场经济为非营利组织的产生及发展提供经济制度基础；其次，市场经济为非营利组织提供了良好的公民意识基础；最后，市场失灵诱发了非营利组织的产生与发展。

2. 政府体制改革。西方国家在不同的历史时期对政府职能的界定是不同的。在自由资本主义时期,西方国家政府的管理职能十分有限,主要集中在国防、外交和维持社会治安等方面,政府充当"守夜人"的角色。20世纪30年代,福利国家政策也成为当时发达国家市场经济发展的主导模式,这一时期,政府职能越来越大,被称为无所不管的"全能政府"。20世纪70年代,政府干预经济模式日益影响市场经济的发展,经济出现"滞胀"现象,人们对政府和市场的不信任感与日俱增。20世纪70年代末,西方国家开始了大规模的政府再造运动,进行政府职能转变。政府再造运动推动了西方国家由"全能政府"向"有限政府"的过渡,也为非营利组织的产生和发展提供了制度上和空间上的支持。

3. 公民社会的兴起。公民社会是非营利组织存在和发展的基础。公民社会的兴起是非营利组织产生和发展的催化剂。自国家出现后,政府凭借手中的政治权力及其公共权威对社会公共事业进行强制性的管理活动,以维护社会的正常秩序。然而,随着市场经济体制的建立和运行机制的逐步完善,政府不可能也没必要管理诸多纷繁复杂的事务,这样一来,政府与社会就形成了一对矛盾体。为了缓解政府与社会之间的复杂矛盾、平衡社会利益冲突、协调各方行为,需要在政府与社会之间建立一种"中介"机制,以便政府对社会进行有效管理,实现其行政活动的目的。非营利组织由此产生。

4. 历史渊源。非营利组织的产生有其历史渊源,这一渊源主要是指历史上致力于自由结社、慈善事业和社会优先的传统。

除以上因素外，市场失灵、政府失灵等理论的完善也为非营利组织的产生及发展提供了理论上的支撑，国际上兴起的一些非营利组织还受到全球经济一体化等因素的影响。

### （六）非营利组织应如何赢得政府的支持和信赖？

为了赢得政府的支持和信赖，非营利组织必须加强自身建设，努力从培养自身奉献精神、保持自身相对独立性、提高自身公信力等方面着手，主动、谨慎地处理好与政府的合作关系。在目标上，非营利组织要明确定位，摆正位置，做好政府的助手和参谋，主动分忧。非营利组织可以在一定程度上批评和监督政府，但两者应当是友好合作的关系，而不是相互对抗和相互取代的关系。非营利组织应谨慎参与政治活动，在活动中要遵守非政治性原则。

### （七）如何理解政府对非营利组织发展的影响？

一方面，非营利组织是政府的重要补充和支持者，在经济、社会发展中占有非常重要的地位；另一方面，政府在促进非营利组织的发展及对其的服务提供方面也具有相当大的影响力。

1. 制定有关非营利组织管理的法律法规，包括：设定非营利组织登记条件、法律形式及程序，确立有关非营利组织税收的制度，限制非营利组织个人经济收益及组织支出，限定非营利组织的商业活动。

2. 对非营利组织活动进行监管：在外部监管方面，政府要依法对非营利组织进行资格审定认定，包括法人资格审查和免税资格审查。不仅如此，政府还要对非营利组织的运行进行监控，即对非营利组织进行年度检查和业务活动管理。就形式上而言，政府对非营利组织的监管行为并不表现为直接参与非营利组织的内部管理，而是表现为由非营利组织向政府有关部门提供各种相应的报告，政府部门对此进行审查，进而判断非营利组织的合法性。

3. 对非营利组织活动进行合理引导，其途径主要有：政府在某些领域通过制订宏观发展计划、重点规划等来引导非营利组织的活动，政府对非营利组织给予财政上的支持。

# 四、自测题

## （一）填空题

1. 与非政府组织相比，非营利组织侧重于与_____的区别，强调这些组织不以营利为目的，是独立于市场体系之外的一种组织。

2. 公益组织主要强调了组织的_____，即该组织的存在不是为了私利，而是为了公共利益。

3. 我国非营利组织发展的不完善之处表现在_____和_____这两个方面。

4. 非政治性要求非营利组织在政治立场上保持_____。

5. 按照组织的收入来源不同，可以将非营利组织划分为_____和_____。

6. 非营利组织产生和发展的根本原因是_____的存在和发展。

7. 亚当·斯密的自由主义经济主张强调，政府管理职能十分有限，主要集中在_____等方面，政府充当"守夜人"的角色。

8. 20世纪30年代以来，_____也成为当时发达国家市场经济发展的主导模式。

9. 在现代社会，_____、市场部门、_____共同形成现代社会生活的三大体系。

10. 政府与非营利组织之间的_____是社会民主化程度提高的标志之一，是社会发展的必然趋势。

## （二）选择题（每题至少有一个答案，多选少选均不能得分）

1. 非营利组织区别于企业最根本的属性是（　　）。
   A. 正规性　　　　　　　B. 非营利性

C. 非政府性　　　　　D. 自治性

2. 衡量一个组织是否具有非营利性的指标主要有（　　）。

　　A. 组织的宗旨是否以营利为目的

　　B. 组织的利润是否用于成员间的分配和分红

　　C. 组织的资产是否可以转变为私人财产

　　D. 组织和政府的关系是否密切

3. （　　）也称为民间性，这是非营利组织区别于政府的根本属性。

　　A. 正规性　　　　　B. 非营利性

　　C. 非政府性　　　　D. 自治性

4. 非营利组织的志愿性特征主要表现为（　　）。

　　A. 自愿参与或退出

　　B. 组织的所有收入都来自志愿性捐款

　　C. 奉献工作

　　D. 组织的所有工作人员都是志愿者

5. 中国人民大学王名教授根据服务对象的不同，将我国非营利组织分为（　　）。

　　A. 公益型非营利组织　　B. 慈善基金组织

　　C. 医疗保健组织　　　　D. 互益型非营利组织

6. 目前比较符合我国国情的分类是将非营利组织分为（　　）。

　　A. 社团法人

　　B. 民办非企业单位

C. 基金会

D. 未登记或转登记社会团体

7. 目前国际上比较流行的、使用比较普遍的一种分类方法，是依据（　　）将非营利组织分为 12 个大类 24 个小类。

　A. 所属产业的不同

　B. 组织的利益关系和目标不同

　C. 从事活动的类型不同

　D. 未登记或转登记社会团体

8. 公共物品所具有的（　　）这两个特征使市场提供公共物品是无效的。

　A. 不可再生性　　　　B. 稀缺性

　C. 消费的非竞争性　　D. 使用的非排他性

9. 在后来兴起的慈善事业中影响较大的有（　　）。

　A. 教育事业　　　　　B. 官办慈善事业

　C. 宗教慈善事业　　　D. 民间慈善事业

10. 国外非营利组织最早出现于古代各文明国家的（　　）。

　A. 封建制早期　　　　B. 封建制晚期

　C. 奴隶制早期　　　　D. 奴隶制晚期

## （三）名词解释

1. 非营利组织
2. 非营利组织的非政府性

3. 非营利组织的自治性
4. 互动

## （四）简答题

1. 简述非营利组织的特点。
2. 简述非营利组织的作用。
3. 结合我国国情及现行法律法规体系，简述目前我国非营利组织的分类。

## （五）论述题

1. 结合所学知识，试阐述非营利组织与政府之间的互动。
2. 结合所学知识，试阐述非营利组织的主要活动领域。

# 第二章

# 非营利组织的理论基础

第二章 非营利组织的理论基础

## 一、本章知识结构

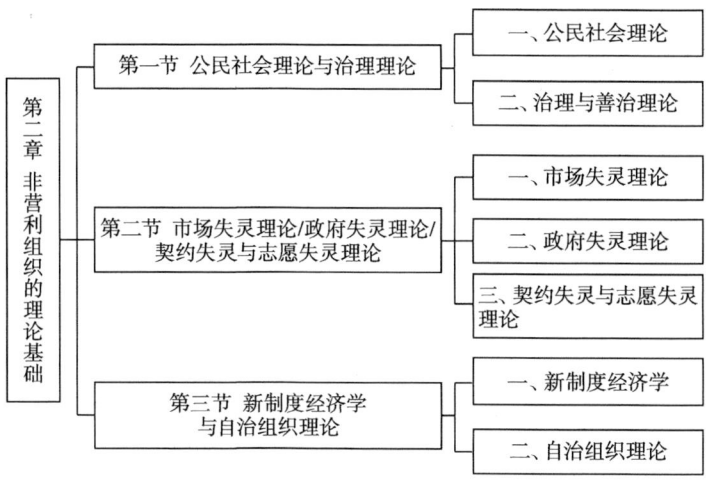

## 二、基本概念

1. 公民社会：是指介于国家和家庭或个人之间的一个社会相互作用的领域及与之相关的价值和原则。

2. 治理：是各种公共或者私人的个人和机构管理其共同事务的众多方式的总和。它是一个持续的过程，通过这个过程，相互冲突的或不同的利益得到协调并且联合起来共同采取行动。

3. 善治：就是使公共利益最大化的社会管理过程。

4. 市场失灵：是指市场机制在不少场合下会导致资源不适当配置，即导致无效率的一种状况。

5. 契约失灵：是指由信息不对称导致仅仅依据生产者和消费者之间的契约，难以防止生产者坑害消费者的机会主义行为的出现。

6. 制度：是指人们承认、接受和愿意遵守的一套合法的规范和行为。

7. 路径依赖：是指制度演进中存在一种自我强化的机制，这种机制使制度的演进一旦走上某一条路径，就会在以后的发展中自我强化。

8. 私人领域：既可以指私人自主从事商品生产和交换的经济活动的领域，其中市场机制和私人产权构成这种私人领域的两大要素，也可以指个人领域（个人的家庭生活或私人生活领域），即构成个人自我发展的和道德选择的领域，个人在这一领域应享有充分的隐私权。

# 三、重点与难点问题解析

## （一）如何理解治理与善治的内涵？

1. 治理的内涵和特征。

治理是各种公共或者私人的个人和机构管理其共同

事务的众多方式的总和。它是一个持续的过程，通过这个过程，相互冲突的或不同的利益得到协调并且联合起来共同采取行动。治理一般具有四个特征：

（1）治理不是一整套的规章制度，也不是一种活动，而是一个过程；

（2）治理过程的基础不是控制，而是协调；

（3）治理既与公共部门相关，也与私人部门相关；

（4）治理是持续的互动，而不是一种正式的制度。

2. 善治的内涵。

治理在一定程度上能够克服政府和市场的缺陷，但治理也存在失效问题，为克服治理失败，人们又提出了"有效治理"或者"善治"理论。所谓善治就是使公共利益最大化的社会管理过程。善治的本质特征就在于它是政府与公民对公共生活的合作管理。善治的基本要素有六个：

（1）合法性。合法性是指社会秩序和权威被自觉认同和服从的性质与状态，合法性越大，善治的程度越高。

（2）透明性。善治要求政治信息的公开。一个社会政治信息的透明度越高，这个社会善治的程度就越高。

（3）法治。法律是公共管理的最高准则，任何政府官员和公民都必须依法行事，在法律面前人人平等。法治是善治的基本要求，没有健全的法制，没有对法律的充分尊重，没有建立在法律上的社会程序，就不会有善治的出现。

（4）责任性。责任性是指人们应当对自己的行为负责，公众尤其是政府公务人员和管理机构的责任越大，善治实现的可能性就越大。

（5）回应。公共管理人员和管理机构必须对公民的要求做出及时和负责的反应，不得无故拖延。回应速度越快，善治的程度越高。

（6）有效。有效主要是指管理的效率，一方面是指管理机构的设置科学、管理程序科学，另一方面是指要最大限度地降低管理成本。

## （二）如何全面理解政府在提供公共物品中的失灵行为？

主要从三个方面来理解：

1. 政府难以满足每一个公民对公共物品的需求。

政府提供的任何商品的数量和质量都是由政治决策过程决定的，对于公共物品的提供也不例外。政府提供公共物品的决策是一种政治性的决策，倾向于反映代表社会大多数的"中间选民"的意愿。这样，政府在提供公共物品问题上就会受到诸多条件的限制。政府提供的服务和公共物品总是普遍的、统一的，有特别偏好的公众的需求无法得到满足，这就为非营利组织的存在留出了空间。同时，政府的能力有限，只能在小范围内进行新项目的试验，为了达到服务全体公众的目的，需要非营利组织进行补充。

2. 政府在提供公共物品方面存在浪费和低效率

问题。

政府行为既受到一系列法律的约束，也受到各种社会势力的牵制，而且作为一个庞大的科层机构，政府也难以摆脱官僚主义积弊的拖累，因而政府往往对新的社会需求和发展机会反应迟钝，显得非常保守。这往往导致政府在提供公共物品的过程中出现浪费和高成本、低效率甚至贪污腐败问题。

3. 政府行为的失范。

政府有可能违背自己的宗旨而损害公众利益。政府对社会经济管理经常缺乏明确的利益主体和责任主体。政府与人民之间的法理或法律上的契约关系在现实中往往不完整、不对等。政府行为因此可能会失序或失控，并导致政府违约行为惩罚的空置。

## （三）志愿失灵理论主要表现在哪些方面？

1. 慈善不足。非营利组织活动所需要的开支与所能筹集到的资源之间存在巨大的缺口。就获取资源的方式而言，政府的特征是"强制"，营利组织的特征是"自愿"和"互利"，而非营利组织的特征是"自愿"和"公益"。非营利组织用来"生产"公共物品的资源有三个来源：社会捐赠、政府资助和收费。通常志愿捐款只占非营利组织开支的很小一部分。服务性收费是一个很敏感的问题，收费过高将很容易导致公民反感，从而受到抵制，而且这不符合非营利组织的初衷，一般来说，非营利组织不会将其作为主要资金来源。因此，无论是过去还是现在，政府补贴一直是非营利组织的主要资金来源，在其预算开支中占主要地位，并且处于上升趋势。但由于新公共管理运动和政府重塑运动，政府越来越没有能力也没有意愿过多地支持非营利组织。

2. 非营利组织往往存在家长作风，实际掌握经济资源的人对如何使用资源有较大的发言权，他们所做的决定往往既不征求多数人的意见，也不必对公众负责和接受监督。

3. 非营利组织的业余性。非营利组织强调的是志愿性，义工服务常常由有爱心的志愿人士提供，这不可避免地影响了组织绩效和服务产品质量。同时，由于非营利组织不能提供有吸引力的工资待遇，因此很难吸引专业人员加盟，这也会影响非营利组织功效的发挥。

4. 非营利组织对象的局限性。正如前面所提到的，作为政府失灵的一种补充，非营利组织活动的对象往往只是某些特定的社会群体，如特定的种族、特定的宗教、特定区域的居民、特定的性别和年龄。由于不同非营利组织的筹集资金、组织动员能力不同，不同群体受到的服务也会不同。以慈善活动为例，如果每个群体都要建立自己的慈善机构，那么很多机构提供的服务将很难产生规模效应，或者成本很高、效率很低。

除以上问题外，作为制度环境的产物，非营利组织存在被环境同化的可能，这是因为任何一种组织的存在都是以反应迅速和高效管理为目标的，非营利组织也不例外。政府组织与市场组织是两种成功的组织形式，它们的结构和运转方式也是被非营利组织模仿和选择的，所以非营利组织的官僚化倾向和组织目标的转移在所难免，这也是志愿失灵的一种表现。

## （四）奥斯特罗姆自治组织理论的主要观点是什么？

1. 自治组织理论的主要代表人物是美国著名行政学家、政治经济学家埃莉诺·奥斯特罗姆。

2. 自治组织理论的中心内容是研究"一群相互依赖的委托人如何才能把自己组织起来，进行自主治理，从而能够在所有人都面对'搭便车'、规避责任或其他机会主义行为形态的情况下，取得持久的共同收益"。自治组织理论认为，任何面临集体行动、相互依赖的人都需要解决三个问题：第一个问题是制度供给问题，即由谁来设计自治组织的制度，或者说哪些人有足够的动力和动机建立组织；第二个问题是可信承诺问题；第三个问题是相互监督问题。

3. 奥斯特罗姆认为实现自主治理有八项具体原则：（1）分享资源单位的个人或家庭之边界界定清晰；（2）使用、供给与当地具体情况相适应；（3）集体选择安排；（4）有效监督；（5）违反规则的分级制裁；（6）低成本的冲突协调机制；（7）对组织权的认可；（8）分权制组织。这些原则既包含对制度供给问题的解决，也包含对可信承诺与相互监督问题的解决。

4. 非营利组织的一个特征就是自主治理，尽管现实中这种自治的程度高低不一，但是奥斯特罗姆的自治组织理论给我们提供了一个很好的思路。

# 四、自测题

## （一）填空题

1. 进入20世纪90年代，以国家、经济、公民社会为基础的公民社会定义逐渐为大多数学者所接受，其中，_____的定义最具代表性。

2. _____主要致力于公民社会的结构性特征和文化特征以及公民社会和国家之间的关系的研究。

3. 我国非营利组织的发展是建立在_____的基础上，而不是建立在西方式个人主义的文化上。

4. 人们都不愿意花钱购买公共物品，而期望别人出钱购买，自己享受同样的权利，这就是经济学上的_____现象。

5. 按照_____的要求，所有生产者和消费者之间的经济活动关系都是通过市场发生联系的，在市场以外不存在成本与收益的相关性。

6. _____是指厂商或个人在正常交易市场以外向其他厂商或个人提供的便利或施加的成本。

7. 美国经济学家_____认为，任何投票者都有对物品的需求（包括公共物品和私人物品），政府、市场和非营利部门都是满足个人需求的手段。

8. _____是由美国学者汉斯曼于1980年在《非营利企业的作用》中提出的。

9. 政府的特征是"强制"，营利组织的特征是"自愿"和"互利"，而非营利组织的特征是_____和_____。

10. 20世纪_____年代兴起的新制度经济学理论为我们今天观察非营利组织现象提供了一个很好的经济分析视角。

11. 新制度经济学的主要代表人物是美国著名经济学家_____和_____。

12. 新制度经济学认为，市场失灵问题和_____密切相关，市场制度因个人理性与社会理性的矛盾导致某些方面的产品供给需付出的信息和交易成本过高。

13. 新制度经济学认为，制度变迁是_____的，是受制于惰性力量的。

14. 自治组织理论的主要代表人物为美国著名行政学家、政治经济学家_____。

15. 自治组织理论采用了理性人的假设，在这里把它完整地称为_____。

## （二）选择题（每题至少有一个答案，多选少选均不能得分）

1. 哈贝马斯是公共领域思想的集大成者，他认为公共领域是介于私人领域和公共权力之间的一个领域，是一种非官方的公共领域，这一领域的基本特征是(　　)讨论。

　　A. 自由的　　　　　　B. 理性的
　　C. 批判性的　　　　　D. 社会性的

2. 西方公民社会的价值或原则主要有（　　）。

　　A. 个人主义　　　　　B. 多元主义
　　C. 开放性　　　　　　D. 公开性
　　E. 参与性和法治原则

3. 治理一般具有下列哪些特征（　　）。

　　A. 治理不是一整套的规章制度，也不是一种活动，而是一个过程
　　B. 治理过程的基础不是控制，而是协调
　　C. 治理既与公共部门相关，也与私人部门相关
　　D. 治理是持续的互动，而不是一种正式的制度

4. 公共物品具有以下哪些明显的特点（　　）。

　　A. 效用的不可分割性
　　B. 公共物品的消费具有非排他性
　　C. 生产公共物品的收益也具有非排他性
　　D. 非营利性

5. 美国经济学家伯顿·韦斯布罗德认为，任何投票

者都有对物品的需求（包括公共物品和私人物品），（　　）都是满足个人需求的手段。

  A. 政府      B. 市场

  C. 非营利部门    D. 其他组织

6. 非营利组织具有哪些缺陷（　　）。

  A. 慈善不足

  B. 非营利组织往往存在家长作风

  C. 非营利组织的业余性

  D. 非营利组织对象的局限性

7. 所谓制度，是指人们承认、接受和愿意遵守的一套合法的规范和行为。它由（　　）构成。

  A. 得到社会认可的非正式约束

  B. 国家规定的正式约束

  C. 实施机制

  D. 价值观念、伦理道德、风俗习性和意识形态等

8. 非市场的交易可以在下面哪种情况下发生（　　）。

  A. 在没有市场的场合，以及在市场中交易成本过高的场合

  B. 在没有政府的场合，以及在政府活动中交易成本过高的场合

  C. 在有市场的场合，以及在市场中交易成本过高的场合

  D. 在有政府的场合，以及在政府活动中交易成本过高的场合

9. 非营利组织所体现出来的（　　）等都可以减少交易成本，提高产品供给效率，促进经济发展。

  A. 互相信任　　　　B. 团队精神

  C. 平等　　　　　　D. 参与

10. 理性人假设认为影响个人策略选择的内部变量有（　　）。

  A. 预期收益　　　　B. 预期成本

  C. 内在规范　　　　D. 贴现率

## （三）名词解释

1. 公民社会
2. 治理
3. 制度
4. 路径依赖

## （四）简答题

1. 善治的基本要素有哪些？
2. 政府失灵理论主要体现在哪些方面？
3. 简述奥斯特罗姆提出的自主治理八原则理论。

## （五）论述题

1. 论述非营利组织的主要缺陷。
2. 论述治理与统治的区别。

# 第三章

## 国(境)外的非营利组织

## 一、本章知识结构

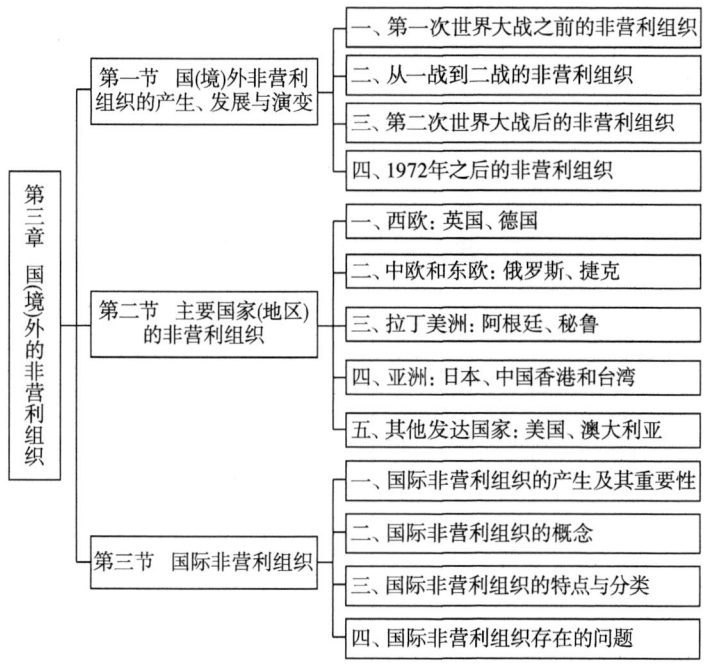

## 二、基本概念

1. 乐施会：指的是国际发展及救援的非政府组织，原名 Oxford Committee for Famine Relief，组成目的是在二战时期运送粮食到被同盟国封锁的德国纳粹党占领的希腊。1963 年，在加拿大成立了第一家海外分会。1965 年起改用电报地址 Oxfam 作为名称。这一组织后来发展成为世界最大的国际非营利组织网络。

2. 大赦国际：指的是保护人犯人权的国际性民间组织，致力于争取思想犯的获释、政治犯的公平审判，以及死刑、刑讯逼供的废止等。

3. 国际红十字会：是一个独立、中立的组织，其使命是为战争和武装暴力的受害者提供人道保护和援助，总部位于瑞士日内瓦，在大约 80 个国家（地区）设有办事机构，是国际红十字与红新月运动以及国际人道法特别是《日内瓦公约》的发起者。

4. 第三部门：非营利组织在香港又称民间组织、非政府机构，这些组织（机构）独立于政府和市场而存在，因此也称作"第三部门"。

5. 国际非政府组织：有着国际目标、至少在三个国家从事活动的组织。这样的组织至少有来自三个国家的个人或集体参与，其特征包括：有投票权；有永久总部和维持持续行动的储备和补给；有相当的预算，这些预算至少来自三个国家的公民、基金会和政府的捐赠。

6. 联合国咨商地位：是指具备出席和参加联合国下属机构会议的条件。

## 三、重点与难点问题解析

### （一）第一次世界大战之前非营利组织具有哪些类型？

第一次世界大战之前的非营利组织主要可以分为宗教慈善色彩浓厚的操作类非营利组织和充满道义诉求的倡议类非营利组织。

### （二）德国非营利组织具有哪些类型？

德国的非营利组织不仅范围广而且类型很多，可分为公益性和互益性两大类。公益性组织涵盖了医疗、环保、教育、体育、文化等领域，是德国社会福利服务事业的重要支柱。互益性组织以行业协会和商会最为突出，这类组织在经济协调和宏观管理等方面发挥了不可替代的作用。

### （三）俄罗斯非营利组织具有哪些类型？

俄罗斯非营利组织的主要类别有：

（1）企业慈善机构。这类机构通常是主要由大型商业集团或银行提供活动资金的非营利组织，其活动目的带有纯慈善性。

（2）私人基金会。俄罗斯这类外国基金会数目众多，如福特基金会、卡耐基基金会等。

（3）中介组织。这些机构包括俄罗斯境内专门从事慈善活动的国内外非营利组织。

（4）社区组织。社区组织的活动宗旨是解决地区存在的社会经济问题和促进地区发展。

## （四）美国的非营利组织主要有哪些？

美国的非营利组织主要包括各类学术研究机构、教育培训机构、医疗保健机构、专业协会、教会、工会、商会、体育组织、文化娱乐组织、青年组织、老年公民组织、志愿组织、民间基金会、公益性团体、慈善机构等。美国的非营利机构数量庞大，经济实力雄厚，社会影响广泛，从业人员众多。作为社会组织的主要部分，美国的非营利组织已经与政府、企业渐成三足鼎立之势。

## （五）谈谈澳大利亚的非营利组织情况。

非营利组织在澳大利亚是一个很大的部门，是继政府、企业之后的"第三部门"，在人们的生产、生活中扮演着重要角色。

澳大利亚的非营利组织坚持独立办会、服务社会的宗旨，个人会员是澳大利亚非营利组织的主体，这些非营利组织可以盈利，盈利用于公益事业，同时承担着一定的社会职能，严格自律的同时接受政府对非营利组织的严格管理和监督。

## （六）经社理事会确认的国际非营利组织的三类地位是什么？

1. 全面咨询地位的国际非营利组织。

全面咨询地位一般授予庞大的国际非营利组织，其工作领域涵盖经社理事会议程上的大多数问题，这类组织包括国际红十字会、联合国协会和国际商工联盟等。

2. 专门咨询地位的国际非营利组织。

专门咨询地位授予在经社理事会活动的一些领域中具有专门能力的非营利组织，这类组织包括大赦国际、基督教青年会等。

3. 注册地位的国际非营利组织。

注册地位一般是给那些在其专门领域内有能力对联合国的工作做出贡献，并且在应请求时可以提供咨询的非营利组织，这类组织包括中国的全国残疾人联合会、亚洲太平洋青年联盟等。

## （七）具有联合国咨询地位的非营利组织的权利和责任有哪些？

具有全面咨询地位和专门咨询地位的组织可以指派授权代表以观察员身份列席理事会及其附属机构的公开会议。列入名册的非营利组织也可派代表出席与其主管领域内的事项有关的各种会议。具有全面咨询地位和专门咨商地位的组织可提出书面简要说明，并作为联合国文件印发，分发理事会或附属机构各成员。列入名册的组织也可应邀提出书面说明。

第 1996/31 号决议规定具有全面咨商地位和专门咨商地位的组织在理事会某些会议期间做出口头陈述。在经社理事会内具有咨商地位的非营利组织必须每 4 年提出一次活动报告。

### （八）国际非营利组织存在的问题是什么？

（1）西方国际非营利组织对中亚、非洲地区受援国的社会稳定带来消极影响。

（2）国际非营利组织内部的营私欺骗行为加剧了腐败的产生。

（3）国际非营利组织在执行援助计划时举措失当，对当地民众的利益造成损害。

国际非营利组织在冷战后时代的确取得了很大发展，但不能无限夸大，认为它们已从国际政治的边缘地位进入中心位置，也不能认为国际非营利组织的兴起完全有益于国际社会，我们必须对国际非营利组织有个清醒的认识。既要认识到国际非营利组织的有限性及功能的两面性，也要认识到它是全球化的产物，是一种新生的国际事物，体现的是开放平等思想和对话合作的全球化时代特征。

# 四、自测题

## （一）填空题

1. 非营利组织的历史与近代资本主义一样久远，但在世界范围内成为一种主要的社会力量，则是在_____。

2. 英国在17世纪末颁布了《慈善法》和《济贫法》，1824年废止了_____，1832年颁布了《新济贫法》等。

3. 第一次世界大战之前的非营利组织主要可以分为宗教慈善色彩浓厚的操作类非营利组织和充满道义诉求的_____。

4. 从一战前后到二战前后，出现了三种新型的非营利组织：私人慈善组织、紧急救助组织和_____。

5. 1972年，在瑞典首都斯德哥尔摩的联合国人类环境大会上，召开了历史上第一次非政府组织的国际会议————_____。

6. 德国的非营利组织如果做简明扼要的分类，可分为_____和互益性两大类非营利组织。

7. 秘鲁的非营利组织最早可以追溯到西班牙殖民者入侵之前的公民之间的团结互助组织，现在被称为_____。

8. 1868年明治维新，日本国内开始全面吸收西方国家的各项制度，为非营利组织的发展创造了条件，其中标志性的事件是1896年颁布_____。

9. 在美国，人们通常把社会上所有的单位、部门划分为三类：第一类是政府或政府系统的部门，第二类是公司、企业等营利部门，第三类是_____。

10. 由国际非营利组织——_____构想和起草的《禁止使用、储存、生产和转让杀伤人员地雷及销毁此种武器的公约》，最终由138个国家签署，其中40多个国家已经批准了该公约，从而使其变成了国际法。

## （二）选择题（每题至少有一个答案，多选少选均不能得分）

1. 最早的非宗教性质的操作类非营利组织是1863年由亨利·杜南特在经历索佛利诺战役之后组建的（　　）。

　　A. 泛英反奴组织
　　B. 国际红十字会
　　C. 妇女国际非政府组织
　　D. 反鸦片贸易的英欧协会

2. 1998年，（　　）被授予在联合国大会上享有除投票权以外的所有成员国资格的权力。

　　A. 巴勒斯坦解放组织　　B. 无国界医生
　　C. 国际禁止地雷运动　　D. 国际红十字会

3. 德国公益性组织的主体是社会福利服务，主要类型是（　　）。

A. 社会服务 B. 卫生保健
C. 教育事业 D. 航天科技

4. 非营利组织在香港地区又称民间组织、非政府组织，这些组织独立于政府和市场而存在，因此也称作（　　）。

A. "第一部门" B. "第二部门"
C. "第三部门" D. "第四部门"

5. 澳大利亚的非营利组织的活动领域大多数集中在（　　）等方面。

A. 教育 B. 社会服务
C. 科技 D. 医疗保险

6. 以下哪些非营利组织属于宗教性质的操作类非营利组织（　　）。

A. 国际红十字会 B. 世界基督教青年会
C. 摩拉维善会堂 D. 国际救世军

7. 俄罗斯非营利组织主要类别有（　　）。

A. 企业慈善机构 B. 私人基金会
C. 中介组织 D. 社区组织

## （三）名词解释

1. 乐施会
2. 大赦国际
3. 国际红十字会
4. 主管官厅负责制
5. 第三部门

6. 国际非政府组织

7. 联合国咨商地位

## （四）简答题

1. 简述1972年之后的非营利组织的发展体现在哪些方面。

2. 简述俄罗斯非营利组织的主要类型有哪些。

3. 简述经社理事会确认的非营利组织的三类地位。

4. 简述具有联合国咨商地位的国际非营利组织的权利和责任有哪些。

5. 简述德国的非营利组织是如何分类的。

## （五）论述题

1. 试论述主要国家（地区）的非营利组织存在的共同特点。

2. 试论述国际非营利组织存在的问题。

# 第四章

## 中国的非营利组织

第四章 中国的非营利组织

## 一、本章知识结构

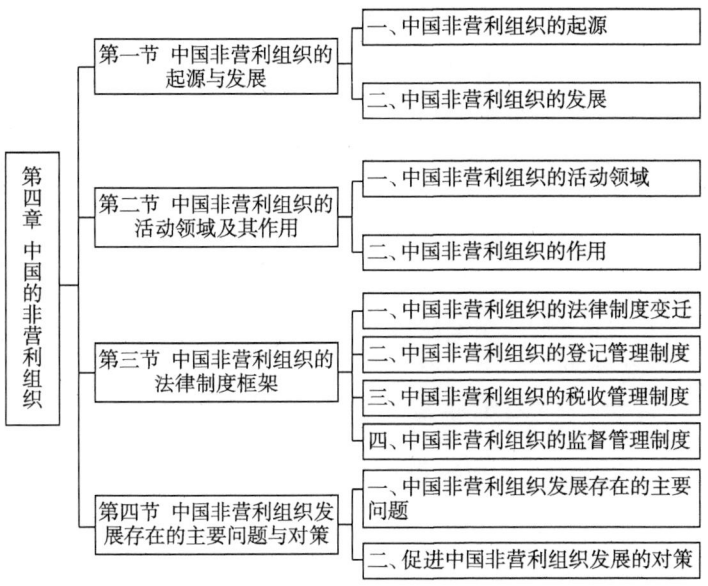

## 二、基本概念

1. 双重管理体制：是指对非营利组织的登记注册与业务管理实行登记管理机关和业务主管单位双重审核、双重负责、双重监管的体制。

2. 归口登记：是指非营利组织统一由国务院民政部

门和县级以上地方各级人民政府民政部门登记。经合法登记的非营利组织，就有了法人地位，具备民事主体资格，依法享有民事权利，承担民事义务。

3. 分级管理原则：就是按照非营利组织开展活动的范围和级别，对其实行分级登记、分级管理。

4. 非竞争性原则：是指为了避免非营利组织之间开展竞争，禁止在同一行政区域内设立业务范围相同或者相似的非营利组织。

## 三、重点与难点问题解析

### （一）什么是非营利组织的"双重管理体制"？

1. 我国非营利组织的管理实行"双重管理体制"。双重管理体制于1996年提出，在1998年10月公布的《社会团体登记管理条例》和《民办非企业单位登记管理暂行条例》中得到较为充分的体现。所谓双重管理体制，是指对非营利组织的登记注册与业务管理实行登记管理机关和业务主管单位双重审核、双重负责、双重监管的体制。非营利组织的登记管理涉及两类行政组织：业务主管单位和登记管理机关。

2. 双重管理加强了政府在登记管理方面对非营利组织的监督、管理和限制，并通过分散责任回避了登记管理部分与非营利组织之间的直接冲突,使得非营利组织在通过登记注册成为合法组织之前,必须首先成为政府所属的一定职能机构所需要和能够控制的对象,并受其管理和控制。这种管理体制在很大程度上限制了非营利组织的成立。

## (二) 什么是非营利组织管理的分级管理原则和非竞争性原则?

1. 所谓分级管理原则,就是按照非营利组织开展活动的范围和级别,对其实行分级登记、分级管理。全国性的社会团体,由国务院的登记管理机关负责登记管理;地方性的社会团体,由所在地县级以上地方人民政府的登记管理机关负责登记管理;跨行政区域的社会团体,由所跨行政区域的共同上一级人民政府的登记管理机关负责登记管理。

2. 所谓非竞争性原则,是指为了避免非营利组织之间开展竞争,禁止在同一行政区域内设立业务范围相同或者相似的非营利组织。向国务院的登记管理机关申请设立的社会团体,与该登记管理机关已登记的社会团体业务范围相同或者相似,不符合国家有关规定的,不予登记。

## (三) 中国非营利组织的作用有哪些?

我国非营利组织的作用集中体现在以下几个方面:
1. 有助于建立有序的市场经济体制。
现代社会组织主要由营利组织、政府组织和社会组织（第三部门）构成，其运行机制分别为市场机制、国家机制、社会机制。只有这三大组织及其运行机制有机联动，才能保障经济社会的有序发展。在社会主义市场经济条件下，市场机制不是万能的，会出现大量失灵的情况，如环境污染、贫富差距拉大、无序竞争等。而政府的干预也不是万能的，过多的政府干预可能会影响经济活力和效率。非营利组织采用平等协商、非强制、非营利趋向的社会机制运作，在行业协调、行业管理、行业维权、协调经济领域的各种关系、平衡各方利益、调解贸易纠纷、加强市场交流、健全社会信用体系等方面起着不可替代的作用，有助于建立有序的市场经济体制，推进经济又好又快发展。

2. 有助于促进社会管理体制创新。

现代社会是多元社会，人们的兴趣爱好、价值观念、经济利益都高度多元化，社会分化为各种各样的利益团体。非营利组织源于群众和各层次社会利益主体，在满足社会多元需求方面具有接近民众、成本低、效率高的优势，能在政府无暇顾及的方面拾遗补阙，增进社会福利，促进社会公平。

3. 有助于促进政府职能转变。

在我国政府职能转变过程中，原来由政府承担的大量社会和经济管理职能，一部分交给市场，由企业去自主做出决策，另一部分则交给社会，由社会组织进行"自治"。非营利组织的发展促使政府从直接的、微观的具体管理转变为间接的、宏观的调控管理，推动了政府行为的现代化。

4. 有助于促进社会成员协商合作意识的培养。

大多数的非营利组织是从事公益事业的，它以促进公众利益为目标，而这一目标的实现有利于增强社会成员对社会的认同感，能够聚合和表达某种程度上的社会公共利益，协调和处理个人、企业、社会与政府相互之间的关系，引导民众形成某种共同的道德观念和价值观念。非营利组织通过制定组织活动的章程、规则并要求成员遵守，通过组织与组织之间、成员与成员之间的相互交流、合作、协商，使社会成员逐渐形成协商、合作、参与、妥协等契约观念、法纪观念、秩序观念，启发民众的参与意识，提高民众的参与能力，鼓励民众自立、自主和自尊。

5. 有助于促进社会就业。

非营利组织是第三产业的一个重要组成部分，非营利组织自身健康快速的发展能够有效促进第三产业的发展。随着第三产业的快速发展，非营利组织在职能分化中越来越显示出它的独立性。作为第三产业的非营利组织的充分发展能够为社会提供大量的就业机会。如非营利组织是提供社区服务的主体，我国不少城市在社区服务方面进行了卓有成效的实验，提供了不少新的就业机会。

6. 有助于拓展国际交流。

在国际上，非政府组织、非营利组织是解决国际事务的一支重要力量，也是各国开展国际外交战略的重要力量。随着我国社会经济实力的增强，国际交流与合作也日益增多。在国际经贸领域，非营利组织可以在政府主导下配合企业"走出去"战略，积极参与市场标准制定、知识产权保护、产品技术交流、交易规则协商、纠纷争端处理等活动。在全球治理领域，作为国际体系的建设者、维护者和贡献者，我国需要运用非营利组织在国际层面参与全球治理和提供发展援助。

## （四）中国非营利组织发展中存在的问题有哪些？如何解决？

1. 中国非营利组织发展中存在的问题如下：

（1）有关非营利组织的法律法规尚未健全。

虽然非营利组织发展的法律环境不断改善，但与国外相比，中国有关非营利组织的法律法规还很不完善，国家立法工作落后于非营利组织的发展。首先，我国至今还没有一部完整的关于非营利组织的法律，立法层次较低。其次，在立法内容上出现倒置，不是先有社会团体权利、义务方面的实体性规范和实现权利、义务方面的程序性规范，而是把登记成立的规范放在了母法的前面。

（2）管理体制不顺畅。

双重管理体制在我国非营利组织管理的规范法律制度框架尚未建成之前发挥了重要的监督管理作用。但是，随着市场经济的深化、与国际社会的接轨以及中国民间社会自身的发展，这种双重管理体制也愈渐显示出其局限性。随着我国社会的发展和进步，社会公民自我组织的出现成为一种不可抵挡的趋势，非营利组织的数量将会越来越大，成分将会越来越复杂，形式将会越来越多样。在现行双重管理体制的约束下，越来越多的非营利组织被排除在政府的管理体制之外，游离于社会之中，将形成非营利组织监管中一个不断膨胀的死角。

（3）非营利组织缺乏独立性。

改革开放以来，我国社会自治力量发展较快，公民社会也在不断发育和成长，但是，由于历史传统的影响，政府依然是主导社会发展的主要力量，加上社会主义市场经济体制还没有完全建立起来，社会自治赖以生存发展的公民社会缺乏有效的经济基础，社会的自我治理能力较低。

（4）非营利组织的资源匮乏。

非营利组织的资源不足是一个相当普遍和非常严峻的问题，主要体现在两个方面：一是经费不足，二是缺乏高素质的专业人才。同时，中国现行人事制度上的壁垒也阻碍了人员的自由流动，限制了优秀人才进入非营利组织，使非营利组织的后续发展堪忧。

(5) 非营利组织的监督机制不完善，公信力不足。

公信力是非营利组织获取社会资源的重要影响因素。非营利组织公信力主要依靠两个方面：一是来自组织外部的监督制约，二是来自组织内部的自我监督，即非营利组织的他律和自律。但是，目前我国非营利组织发展还处于初始阶段，对于非营利组织的监督机制还很不完善。一方面，政府对非营利组织的监管能力有限；另一方面，社会对民间的监督处于缺位的状况。

2. 促进中国非营利组织发展的对策包括：

（1）完善非营利组织立法，提高非营利组织管理的法制化水平。

应尽快考虑制定有关非营利组织的统一规范的基本法，全面规范非营利组织的性质、法律地位、管理体制、运行机制等，将各类非营利组织及其相关事务纳入法制化轨道。此外，在制定非营利组织基本法的基础上，根据不同类型非营利组织的不同特点，分别修改和进一步完善一些专门的法律法规，如基金会、行业协会等经济团体，海外民间非营利组织等非营利组织与其他社会团体相比有一定特殊性，应制定相应的专项法规来对其进行监督和管理。

（2）简化非营利组织的登记管理程序。

一方面，建议对现行非营利组织登记管理的法规政策进行适当的调整，逐步简化登记管理程序，适当突破"双重管理体制"的严格限制，取消业务主管单位程序，放宽对非营利组织的限制，给非营利组织留出更为广阔的生存发展空间。在简化非营利组织登记管理的同时，政府还应该加强监管，逐步从重视非营利组织登记管理转向对其开展活动及其组织运作的动态过程实施监管。另一方面，建议取消"非竞争"原则的限制，鼓励公众投身公益事业的积极性。鼓励非营利组织之间开展良性竞争，促使非营利组织提高产出效率和服务质量。

（3）完善非营利组织的社会监督机制。

加强对非营利组织的社会监督主要可以从以下三个方面展开：①捐款者与公众的监督；②媒体的监督；③独立的第三方评估的监督。社会监督机制的引入和加强将改变政府对民间非营利组织的业务进行直接管理的方式，使政府从管理者逐步变为裁判员，从而提高监督管理的效率并增强非营利组织的社会公信度。

（4）调整税收制度，拓宽非营利组织的筹资渠道。

国家通过减免税政策对非营利组织进行扶持，是一项十分有力的措施，也是健全非营利组织法律体系的重要内容。进一步完善非营利组织税收制度可以从以下三个方面着手：①提高国家税收立法的层级；②明确非营利组织的税收法律地位；③突出对捐赠者的税收优惠，鼓励支持捐赠行为。

（5）非营利组织的自身发展与完善。

在非营利组织的发展中，政府的积极姿态十分重要，但非营利组织也要做出积极的回应，促进自身的发展与完善。①改革人事制度，吸引高素质人才；②建立严格、透明、完善的财务报告制度；③健全自律机制。

## 四、自测题

### （一）填空题

1. 1950 年 9 月制定的有关非营利组织管理的政策法规是_____。

2. _____是公民社会中一个最积极、最活跃、最有主观能动作用和最具社会效益的组织形式。

3. 非营利组织的管理机关包括_____和登记管理机关。

4. 政府是纯公共物品的提供者，第三部门则是_____的提供者。

5. 登记管理机关负责非营利组织的成立、_____、注销的登记或者备案。

6. 国务院民政部门和县级以上地方各级人民政府民政部门是本级人民政府的社会团体的_____。

7. 《中华人民共和国企业所得税法实施条例》规定：企业所得税的纳税人（金融保险业除外）用于公

益、救济性的捐赠，在年度纳税所得_____以内的部分，准予扣除。

8.《中华人民共和国个人所得税法》规定，个人将其所得对教育、扶贫、济困等公益慈善事业进行捐赠，捐赠额未超过纳税人申报的应纳税所得额_____的部分，可以从其应纳税所得额中扣除。

9.《社会团体登记管理条例》规定：全国性的社会团体，由国务院的登记管理机关负责登记管理，地方性的社会团体，由所在地人民政府的登记管理机关负责登记管理；跨行政区域的社会团体，由所跨行政区域的共同上一级人民政府的登记管理机关负责登记管理。这体现了我国非营利组织管理中的_____原则。

10. 对"在同一行政区域内已有业务范围相同或者相似的"组织的社会团体和民办非企业单位，当作出"没有必要成立"的判断时，可不予登记。这体现了我国非营利组织管理中的_____原则。

（二）选择题（每题至少有一个答案，多选少选均不能得分）

1. 宋代在民间出现了各种互助性、慈善性的民间组织，其中包括（　　）。

    A. 大成教　　　　　　B. 义仓
    C. 义社　　　　　　　D. 天地会

2. 关于从20世纪初到1949年我国非营利组织发展

情况表述正确的是（　　）。

A. 多数由民间团体和个人自发组织

B. 具备一定的自治特性和独立地位

C. 包括互助与慈善组织、学术性组织、政治性组织、文艺性组织等

D. 多数由官方组织发起

3. 关于1949—1978年我国非营利组织发展情况表述正确的是（　　）。

A. 具有较高的独立性

B. 1950年9月制定了《社会团体登记暂行办法》

C. 非营利组织的政府管理的色彩较为浓厚

D. "文化大革命"期间的非营利组织发展陷入"瘫痪"状态

4. 行业协会的职能包括（　　）。

A. 行业自律

B. 为企业服务

C. 协调、监督和维护企业合法权益

D. 协助政府部门加强行业管理

5. 社会公益领域中的非营利组织主要包括（　　）。

A. 商会　　　　　　　　B. 慈善组织

C. 公益性基金会　　　　D. 志愿性服务组织

6. 社会团体的业务主管单位职责包括（　　）。

A. 社会团体的筹备申请、成立登记、变更登记、注销登记前的审查

B. 任命社会团体的领导人

C. 指导社会团体依法并根据章程开展活动

D. 负责年度检查的初审

7. 如果社会团体（　　），由登记管理机关给予警告，责令改正，可以限期停止活动，并可以责令撤换直接负责的主管人员；情节严重的，予以撤销登记；构成犯罪的，依法追究刑事责任。

A. 超出章程规定的宗旨和业务活动范围进行活动

B. 违反国家有关规定收取费用、筹集资金，或者接受、使用捐赠、资助

C. 从事营利性的经营活动

D. 不按照规定办理变更登记的

8. 下列关于非营利组织的登记管理机关表述正确的是（　　）。

A. 全国性的社会团体，由国务院的登记管理机关负责登记管理

B. 跨行政区域的社会团体，由国务院的登记管理机关负责登记管理

C. 地方性的社会团体，由所在地人民政府的登记管理机关负责登记管理

D. 跨行政区域的社会团体，由所跨行政区域的共同上一级人民政府的登记管理机关负责登记管理

9. 下列关于我国非营利组织的税收优惠表述正确的是（　　）。

A. 非营利组织的收入均可享受免税优惠

B. 基金会在金融机构的基金存款取得的利息收入可享受免税优惠

C. 外国政府、国际组织无偿赠送的物资，经海关审查无讹，可以免税

D. 在消费税方面，中国对非营利组织实行特殊的税收优惠政策

10. 登记管理机关应当自收到完成筹备工作的社会团体的登记申请书及有关文件之日起（　　）内完成审查工作。

A. 15 日　　　　　　　B. 30 日
C. 45 日　　　　　　　D. 60 日

11. 对非营利组织的社会监督主要包括（　　）。

A. 捐款者与公众的监督

B. 媒体的监督

C. 独立的第三方评估的监督

D. 政府监督

## （三）名词解释

1. 双重管理体制
2. 分级管理原则
3. 非竞争性原则

## (四) 简答题

1. 什么是非营利组织的"双重管理体制"?
2. 什么是非营利组织分级管理?
3. 中国非营利组织的作用有哪些?

## (五) 论述题

1. 中国非营利组织发展中存在的问题有哪些?
2. 如何完善中国非营利组织管理?

# 第五章

## 非营利组织的战略管理

# 第五章 非营利组织的战略管理

## 一、本章知识结构

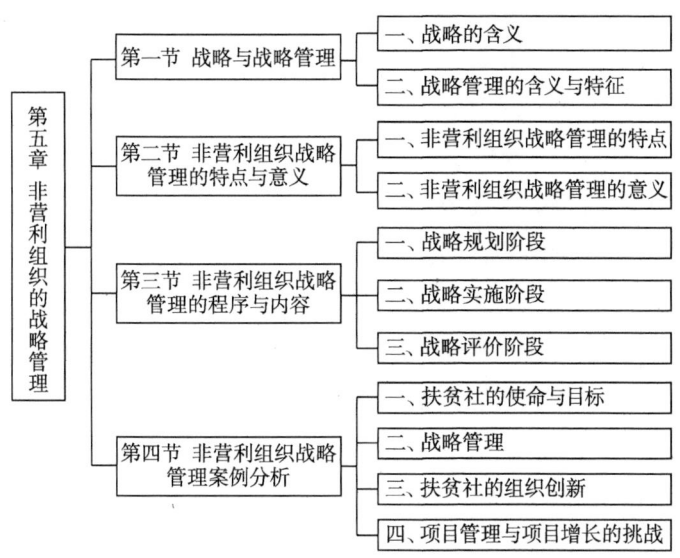

## 二、基本概念

1. 战略管理：是指使用战略手段对组织的活动和发展实行总体性管理，是组织制定和实施战略的一系列管理决策与行动。

2. 战略规划：是指制订有关组织中长期的规划的活动，它包括明确的组织使命、可达到的目标、实施的战略和相关的政策指南等。

3. 愿景：是指组织当前及未来所要达到的基本公共目标和根本方向，是非营利组织的灵魂。

4. 组织分析：又称组织诊断或评估，是指把组织视为一个动态的有机整体，对组织整体及其各组成部门的目标、资源、能力、组织结构和政策等进行系统分析。

5. SWOT 分析法：亦称"自我诊断方法"，是指通过了解自己组织的优势与劣势，掌握外部机会、规避威胁，制定良好战略的方法。

6. 战略实施：是指通过行动计划、预算与操作规程的开发和实施，把制定的战略付诸行动。战略实施是战略管理的关键环节，是战略规划转变为现实的必要途径。

7. 战略评价：是指依据一定的标准和程序，对战略实施的效益、效率、效果及价值进行判断的一种行为，目的在于获得相关信息，作为决定战略变革、战略改进和制定新战略的依据。

# 三、重点与难点问题解析

## （一）战略管理的特征有哪些？

归纳起来，战略管理具有以下基本特征：

（1）未来导向性。战略管理的目的不是维持现状，而是着眼于组织的长远发展。

（2）全局性。与某一领域的专业职能管理不同，战略管理研究的重点是组织整体目标的达成，而非某一布局的具体问题；关注的是全局的发展，而非局部的发展。

（3）系统性。战略管理包括战略规划、战略实施和战略评价三个阶段，同时涉及财务管理、人力资源管理、项目管理、营销管理等，是一种全程性管理。

（4）稳定性。战略规划一旦确定，便具有相对的稳定性，此后组织的所有活动都必须围绕该战略进行，不能朝令夕改，否则将会导致组织运作摇摆不定，给组织发展带来消极影响。

（5）适应性。由于组织面临的环境复杂多变，组织必须根据不断变化的形势适时调整战略内容。

（6）层次性。战略管理可以分为组织战略、项目战略和职能战略三个层次，三个层次彼此相互联系，通过层层分解，构成了一个实现整体战略的完整框架。

## （二）非营利组织战略管理的特点有哪些？

非营利组织自身的特点，决定了非营利组织战略管理的特殊性。一些适用于一般组织（尤其是企业）的规律在非营利组织中可能并不奏效。非营利组织战略管理的特点具体表现在以下几个方面：

1. 战略目标具有公益性。

战略目标的公益性是指非营利组织以最大限度地满足社会各种群体利益和公共利益的需要为目的。非营利组织作为弥补市场失灵和政府失灵的产物,不能追求利润最大化,也不可以为单一的部门利益服务,非营利组织的目标是最大限度地满足社会各种群体利益和公共利益的需要。虽然非营利组织也有提高运作效率的目标,但其战略目标具有更多的公益性,强调公平,甚至为此牺牲利润和效率。战略目标的公益性也决定了非营利组织的目标不可能像营利组织那样清晰,其目标往往比较模糊且其目标之间经常会相互冲突,这也增加了其战略制定的复杂性和不确定性。

2. 战略管理受环境条件约束。

非营利组织战略管理受环境约束主要是指非营利组织在资金、法律规制方面受到一定的约束。首先,从资金约束来看,非营利组织的性质决定了其提供的服务往往是免费的或者是象征性地收取仅够补偿所提供服务的部分成本的费用。其次,从法律规制的约束来看,作为一种带有公益性质的公共组织,相应的法令、章程规定的义务以及传统等都会对非营利组织构成制约,限制其自主权和灵活性,导致它们在增加或减少服务方面的自由度较少。

3. 战略具有公开性和透明性。

作为公共组织的一种,非营利组织具有明显的公共性特征。非营利组织在战略制定时,战略管理者必须向所有者征询意见,并依据公众愿望和要求来提供服务,这也使非营利组织的战略具有公开、透明的特点。

## (三) 非营利组织战略管理的意义有哪些?

概括起来,战略管理对于非营利组织的意义主要体现在以下几方面:

1. 有助于明确非营利组织发展的方向和目标。

宗旨是非营利组织存在的根本理由。通过战略管理,非营利组织可以确定组织宗旨和未来的发展目标,制订实施战略目标的战略计划,明确取得成功所必须付出的成本,对最终可能出现的结果有一个全面了解和心理预期,从而确保在取得短期成绩的时候兼顾长远利益。

2. 有助于为非营利组织抓住机遇创造良好条件。

通过战略管理,密切关注政治、经济、社会文化、技术、法律等外部环境的变化,把握环境变化给组织带来的发展机会,提醒管理者分析和预测当前及将来的外部环境,同时积极预防来自环境的潜在威胁,采取措施,优化非营利组织的生存环境,使非营利组织在面对挑战时能够应对自如,为组织未来发展扫清障碍、铺平道路。

3. 有助于促进非营利组织决策的科学化。

非营利组织外部环境的不断变化、环境条件的日益复杂化,迫使任何非营利组织都必须采取措施来应对。通过战略管理,分析和诊断组织发展中存在的问题,集思广益，促进决策的科学化。实施战略管理的非营利组织则可采取进攻型的防御对策，通过预测未来的环境，避免可能发生的问题，建立一套科学的决策机制，使非营利组织更好地适应外部环境的变化。

4. 有助于加强非营利组织管理活动的规范性，提高组织工作成效。

通过战略管理，界定组织的任务，使所有的组织成员明确职责，能有效地减少由盲目性造成的工作失误和短期行为导致的损失。同时，在战略实施过程中，组织根据目标对自身的战略进行必要的调整，体现了管理过程的规范化和程序化。未雨绸缪，周密计划，战略管理保证了管理的连续性和程序化，确保非营利组织能够健康、有序、稳定地发展。

5. 有助于优化非营利组织的资源配置。

非营利组织战略管理通过对组织目标的确定，分清主次，明确未来各个阶段的工作重点和资源需求。战略管理有助于非营利组织从长远利益出发，对组织发展的重要领域和关键领域加强资源投入，避免次要事务的干扰，将资源集中于最迫切的事务上，从而达到资源的优化配置。

6. 有助于调动组织成员的积极性和创造性。

愿景是一种展望未来的目标。有吸引力的愿景，能激发组织成员的使命感，唤起他们的奉献精神，使他们更加愉快地工作。反之，缺乏愿景的组织，往往使人觉得困难重重、心力交瘁、散漫无序。对于需要吸引众多志愿者和会员的非营利组织来讲,愿景具有无可比拟的功能。通过战略规划树立一个有挑战性和吸引力的愿景,对于组织来说具有重要意义和价值。

## (四) 什么是 SWOT 分析法?

SWOT 分析法也称"自我诊断方法",是指通过了解自己组织的优势与劣势,掌握外部机会、规避威胁,制定良好战略的方法。SWOT 分析主要为战略分析提供一个基本的框架,明了组织的内外环境,充分发挥自己的优势,最大限度地从市场机会中获利,尽可能使弱点最小化,从而规避威胁。SWOT 四个英文字母分别代表优势(strength)、劣势(weakness)、机会(opportunity)、威胁(threat)。从整体上看,SWOT 可以分为两部分:第一部分为 SW,主要用来分析内部条件;第二部分为 OT,主要用来分析外部条件。经过 SWOT 分析,一个非营利组织可以有如下不同的战略匹配和选择:

(1) 优势—机会(SO)战略。SO 战略是一种将组织内部的优势与外部环境的机会相匹配、发挥组织内部优势和利用外部机会以达到组织目标的战略。

(2) 劣势—机会(WO)战略。WO 战略是指利用外部机会来弥补内部劣势的战略。

(3) 优势—威胁(ST)战略。ST 战略是利用优势来规避或减轻外部威胁影响的战略。

（4）劣势——威胁（WT）战略。WT战略是指在减少内部劣势的同时规避外部威胁的战略。

### （五）战略分析的内容有哪些？

非营利组织在确定组织的宗旨和目标、决定要对组织实施战略管理之后，要对组织进行战略分析。战略分析即通过资料的收集和整理分析组织的内外部环境，包括组织分析和环境分析两个部分。

1. 组织分析。组织分析又称组织诊断或评估，是指把组织视为一个动态的有机整体，对组织整体及其各组成部门的目标、资源、能力、组织结构和政策等进行系统分析。组织分析的具体内容包括：（1）组织资源分析；（2）管理与组织能力分析；（3）组织结构分析；（4）组织政策分析。

2. 环境分析。环境分析又称趋势分析，是对组织所处的外部环境进行的动态分析，意在把握各种主要外部因素的变化趋势，使组织能够顺应环境的变化并经常处于有利的地位以实现组织目标。环境分析的具体内容包括：（1）政治法律环境；（2）经济环境；（3）社会文化环境；（4）技术环境；（5）竞争环境；（6）利益相关者。

## (六) 战略实施过程中的资源管理需要注意什么问题？

战略实施过程中的资源管理需要重点注意三个问题：

1. 根据战略议题的优先顺序来配置资源；

2. 对内部资源进行再分配，对那些于组织战略没有直接或重大影响的活动可在原有基础上减少资源的供应，并重新制定预算；

3. 如果某些资源要素匮乏但对战略实现是关键性的，可以请求那些拥护组织战略的重要利益相关者为组织筹募资源，或者从其他次要项目中再争取一部分资源，从而使组织的战略变得可行。

# 四、自测题

## （一）填空题

1. 通过战略管理，非营利组织可以确定_____和未来的发展目标。

2. 战略管理有助于非营利组织从长远利益出发，对组织发展的重要领域和关键领域加强资源投入，避免次要事务的干扰，将资源集中于最迫切的事务上，从而达到资源的_____。

3. _____是指组织当前及未来所要达到的基本公共目标和根本方向，是非营利组织的灵魂。

4. 战略分析即通过资料的收集和整理分析组织的内外部环境，包括_____和环境分析两个部分。

5. _____是一种将组织内部的优势与外部环境的机会相匹配、发挥组织内部优势和利用外部机会以达到组织目标的战略。

6. _____是战略管理的关键环节，是战略规划转变为现实的必要途径。

7. 做出战略选择之后，还应完成组织的_____。

8. _____是指通过行动计划、预算与操作规程的开发和实施，把制定的战略付诸行动。

9. _____是指非营利组织的管理者为综合平衡各个利益相关者的利益诉求而进行的管理活动。

10. 战略实施的原则包括_____，统一领导、统一指挥原则和权变原则。

## （二）选择题（每题至少有一个答案，多选少选均不能得分）

1. 下列关于非营利组织战略管理的特点表述正确的是（    ）。

A. 非营利组织的战略目标强调公平，甚至为此牺牲利润和效率

B. 非营利组织的战略目标往往比较清晰，不会相互

冲突

  C. 非营利组织的资产利用是否高效、合理会受到相应的监督

  D. 非营利组织的战略具有公开、透明的特点

  2. 下列关于非营利组织战略管理表述正确的是（　　）。

  A. 非营利组织战略管理过程包括战略规划、战略实施和战略评价

  B. 战略规划的制订是战略实施的前提和基础

  C. 战略实施是战略评价的依据

  D. 战略评价为战略规划的制订和实施提供了一种后续保障机制

  3. 战略规划的过程包括（　　）。

  A. 准备阶段

  B. 确定组织的愿景与使命

  C. 战略分析

  D. 战略实施

  4. 组织分析的具体内容包括（　　）。

  A. 组织资源分析

  B. 管理与组织能力分析

  C. 组织结构分析

  D. 组织政策分析

  5. 战略选择包括（　　）。

  A. 信息输入　　　　　　　B. 匹配

C. 决策　　　　　　　　D. 战略实施

6. 识别战略实施中的关键变量，并对它进行灵敏度分析，这些关键变量的变化超过一定的范围时，原定的战略就需要调整，并准备相应的替代方案，这体现了战略实施中的（　　）。

　　A. 适度合理性原则　　B. 统一领导原则
　　C. 统一指挥原则　　　D. 权变原则

7. 战略实施过程中的主要活动包括（　　）。

　　A. 管理与组织能力分析　B. 利益相关者管理
　　C. 组织职能结构管理　　D. 资源管理

8. 战略评价的基本活动包括（　　）。

　　A. 审视战略基础　　　B. 利益相关者管理
　　C. 绩效评估　　　　　D. 采取纠正措施

9. 下列选项中关于战略实施中的组织职能结构管理表述正确的是（　　）。

　　A. 组织结构的选择应与组织实施的战略相适应
　　B. 组织结构要有一定的弹性
　　C. 在设计岗位时要注意职、权、责相匹配
　　D. 上级对下级的控制幅度要适当

10. 按照战略评估主体，非营利组织战略评价可划分为（　　）。

　　A. 事前评估　　　　　B. 事后评估
　　C. 自我评估　　　　　D. 外部评估

## (三) 名词解释

1. 战略规划
2. 愿景
3. 组织分析
4. SWOT 分析法
5. 战略评价

## (四) 简答题

1. 简述战略管理的特征。
2. 简述非营利组织战略管理的特点。
3. 简述非营利组织战略管理的意义。
4. 简述战略实施过程中的资源管理需要注意的问题。

## (五) 论述题

试论述战略分析的内容。

# 第六章

## 非营利组织的财务管理

# 第六章 非营利组织的财务管理

## 一、本章知识结构

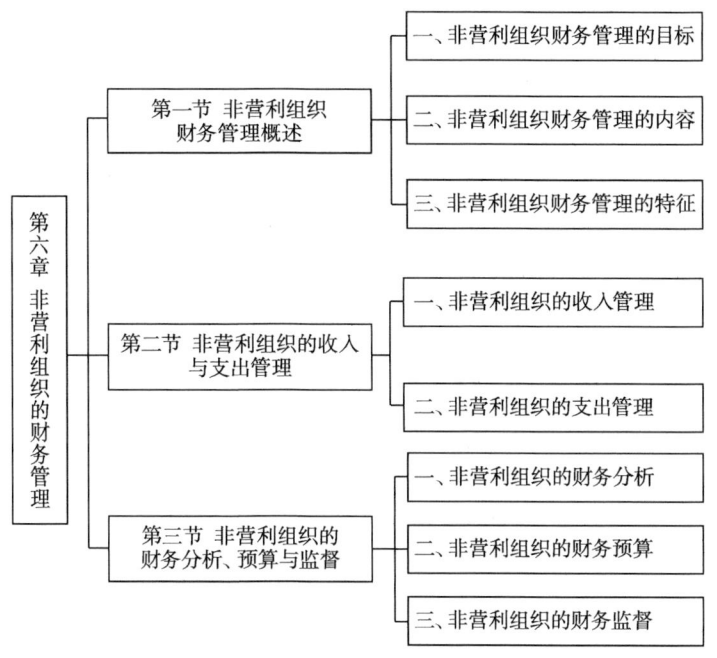

## 二、基本概念

1. 非营利组织财务管理：是指对非营利组织有关资金的筹集、分配、使用等财务活动所进行的计划、组织、协调、控制等工作的总称。

2. 非营利组织的收入：是指非营利组织为了开展业务活动，依法取得的非偿还性资金。

3. 非营利组织的支出：是指为了开展业务活动和其他活动所发生的各项资金耗费及损失。

4. 非营利组织的财务分析：是指以财务报表及其他有关资料为依据，运用系统科学的方法对非营利组织的财务状况和业绩成果进行比较与评价，以利于非营利组织的管理者、投资者以及政府宏观管理机构掌握非营利组织的资金活动情况并进行运营决策的一项管理活动。

5. 非营利组织的财务监督：是指根据国家有关方针、政策和财务制度的规定，对非营利组织的财务活动和其他有关的经济活动所进行的监察与维护。

# 三、重点与难点问题解析

## （一）非营利组织财务管理的目标是什么？

1. 规范非营利组织的财务行为。

财务制度是非营利组织财务管理的基本依据和行为规范。收入和支出项目都体现着非营利组织进行活动是否符合其组织的宗旨，是否具有非营利性。建立健全财务制度是非营利组织财务管理的重要任务之一。在很多国家，审计部门通过对非营利组织收支的审计，来判断一个非营利组织是否真正具有非营利性质，从而决定其是否能够享受免税的资格。

2. 从制度上保证公开、透明，预防腐败行为。

一个非营利组织的财务收支情况，反映了该组织及其人员的工作规范和作风。混乱的财务管理常常伴随着比较严重的假公济私、滥用公款、贪污腐败行为。非营利组织的资金基本都来自财政拨款或者社会捐助，一旦出现腐败行为，所带来的社会影响尤为恶劣。只有实施健全的财务管理制度，使非营利组织的每一项活动都处在公开和透明的环境下，才能有效避免公益腐败现象的发生。

3. 加强收支管理，提高资金使用效率。

无论是对于营利组织来说，还是对于非营利组织来说，效率都是组织的生命。非营利组织要提高组织的效率，就必须加强财务收支管理，合理安排支出，有效地使用各项资金，提高资金使用效率，使组织时刻处于安全的运作状态。非营利组织的收入管理，主要是对收入项目、标准及收入进度等进行的管理。非营利组织的支出管理，主要是对支出项目、范围、标准等多方面的内容进行的管理。

4. 提高公信力，增加收入。

高效透明的财务管理能提高非营利组织的公信力，使社会捐赠人更加认同组织，更愿意捐献，同时也会吸引更多的捐赠者和志愿者加入。由于各种原因的影响，目前我国的非营利组织在财务透明方面比较保守,不少非营利组织认为财务信息是组织机密,不愿对外公布。其实这是一种错误的行为。在未来的竞争环境下,组织的社会公信力将成为非营利组织发展的关键因素;而且,有效的财务管理也将使非营利组织实现资产增值,扩大财源。

5. 加强财务分析和财务监督,监督组织运作。

财务分析和财务监督是非营利组织财务管理的一项重要任务。加强财务分析和财务监督,可以从一个侧面监督非营利组织的运作,具体来说,包括组织内部监督和组织外部监督两大方面:非营利组织的理事会成员通过定期检查财务状况,对组织内部运作和管理进行监督;社会公众则通过非营利组织的财务报告,间接地监督其活动的非营利性和合法性。

## (二) 非营利组织财务管理的内容包括哪些方面?

非营利组织财务管理是指对非营利组织有关资金的筹集、分配、使用等财务活动所进行的计划、组织、协调、控制等工作的总称。

非营利组织财务管理的内容具体包括以下几个方面:

1. 预算管理,主要是通过单位预算的编制、审批和执行,对非营利组织的各项财务收支计划所进行的管理。

2. 收入管理,主要是对非营利组织的收入项目、范围、标准和收益分配等所进行的管理。

3. 支出管理，主要是对非营利组织的支出项目、范围、标准等所进行的管理。

4. 定员定额管理，主要是通过非营利组织的人员编制和支出定额的制定、执行和检查，对其人员配置、支出的分配和使用所进行的管理。

5. 结余及其分配管理，主要是对非营利组织的收支结余及其分配和使用所进行的管理。

6. 专用基金管理，主要是对专用基金的提取和使用所进行的管理。

7. 资产管理，主要是对非营利组织的各种资产、债权及其他有形和无形的财产权利所进行的管理。

8. 负债管理，主要是对非营利组织的借入款项、应付款项、暂存款项、应缴款项等所进行的管理。

9. 财务分析，主要是通过运用各种有关资料，对一定时期内非营利组织的财务活动所进行的研究、分析和评价。

10. 财务监督，主要是依据政府有关方针、政策和财务制度对非营利组织各项财务活动所进行的检查和督促。

（三）如何理解非营利组织的财务预算？

1. 非营利组织财务预算的功能。

非营利组织财务预算是对非营利组织未来发展的预

测,具有四个方面的基本功能:

(1) 为组织将有限的资源合理分配打下基础,便于内部沟通;

(2) 指明了未来筹资需求规模和时限;

(3) 为管理者决策提供依据;

(4) 预算是评估项目绩效的基础。

2. 制定非营利组织财务预算的条件。

制定财务预算对于每一个非营利组织都非常重要,一个非营利组织要制定出好的财务预算,一般来说,需要满足三个基本条件:

第一,组织的状况需要稳定。无论是内部的运作管理、外部的环境变化,还是组织领导层的认识格局,都应该是相对稳定的,否则即使做出预算也用处不大。当情况不太稳定的时候,可以考虑采用弹性预算法。

第二,要有好的会计系统,好的会计系统一要账目清楚,二要专人负责,三要有成本分析的概念,熟悉每个方案包含的经费来源、服务量、服务计量单位等。

第三,预算要纳入计划和决策中,预算必须具有权威性、可行性和可操作性,建议组织的财务主管参加到计划和决策的过程中。编制预算的时候,应对战略规划中重要的策略给予相对优先权,即使因此可能需要删除或减少其他计划的预算,也必须清楚估算其执行成本。

## （四）如何理解非营利组织的财务分析？

1. 非营利组织财务分析的内涵。

非营利组织的财务分析是指以财务报表及其他有关资料为依据，运用系统科学的方法对非营利组织的财务状况和业绩成果进行比较与评价，以利于非营利组织的管理者、投资者以及政府宏观管理机构掌握非营利组织的资金活动情况并进行运营决策的一项管理活动。

2. 非营利组织财务分析的内容。

财务分析是财务管理的一项重要内容，非营利组织的财务分析可以从以下几个方面加以考察：

（1）财务分析的主体，即对非营利组织的财务活动进行分析的机构和个人。现阶段，我国非营利组织财务分析的主体主要有非营利组织的专职业务人员及主管领导、上级主管部门、财务税务部门以及政府的宏观管理机构等。

（2）财务分析的客体，即财务评价的对象，包括非营利组织的财务状况、业绩成果及资金活动情况与趋势。

（3）财务分析的依据，主要是非营利组织编制的财务报表，包括资产负债表、收支总表、支出决算表等。

（4）财务分析的目的，即进行财务分析的最终目标。非营利组织财务分析的最终目标主要有两个方面：一是为财务报表的使用者所要做出的相关决策提供客观、可靠的依据；二是对公共资源的配置使用结果及其效益做出客观评价。此外，财务分析还应促进非营利组织加强和改进财务管理工作。

## 四、自测题

### （一）填空题

1. _____主要是对收入项目、范围、标准及收入进度等所进行的管理。

2. 非营利组织的支出管理，主要是对非营利组织的支出项目、范围、_____等所进行的管理。

3. 非营利组织的经营支出一般比照事业支出进行管理，但需要强调的一点是，在会计核算上，经营支出必须坚持_____。

4. 当非营利组织情况不太稳定的时候，财务预算可以考虑采用_____。

5. 对于经济活动的监督而言，_____是一种更为有效的监督方式。

6. _____是一种积极的监督，主要是防止决策的失误。

7. 对单位预算执行情况进行的监督，对专项资金使用情况进行的监督，都属于_____。

8. _____是指对非营利组织一定时期内从事的所

有财务活动所进行的监督,专题监督是指对单位的某一项财务活动所进行的监督。

9. 预算的过程包括五个步骤:准备、确认、执行、期中报表和_____。

10. 非营利组织的财务分析是指以_____及其他有关资料为依据,运用系统科学的方法对非营利组织的财务状况和业绩成果进行比较与评价,以利于非营利组织的管理者、投资者以及政府宏观管理机构掌握非营利组织的资金活动情况并进行运营决策的一项管理活动。

## (二) 选择题(每题至少有一个答案,多选少选均不能得分)

1. 非营利组织财务管理的特征包括(　　)。

　A. 经费来源的无偿性

　B. 经费使用方式上的限制性

　C. 经费使用的政策性

　D. 以预算管理为中心

2. 非营利组织的收入依据其来源的不同可以分为(　　)。

　A. 财政补助收入

　B. 事业收入、经营收入、专款收入

　C. 上级补助收入

　D. 附属单位上缴收入和其他收入等

3. 经营收入是指在专业业务活动及辅助活动之外开展非独立核算经营活动取得的收入，一般包括以下内容（　　）。

　　A. 销售收入　　　　　B. 经营服务收入

　　C. 租赁收入　　　　　D. 其他经营收入

4. 非营利组织的支出主要包括（　　）。

　　A. 事业支出

　　B. 经营支出

　　C. 上缴上级支出

　　D. 对附属单位补助以及基本建设支出等

5. 非营利组织财务分析的主体主要有（　　）。

　　A. 非营利组织的专职业务人员

　　B. 上级主管部门

　　C. 财务税务部门以及政府的宏观管理机构等

　　D. 主管领导

6. 非营利组织财务预算是对非营利组织未来发展的预测，主要功能有（　　）。

　　A. 为组织将有限的资源合理分配打下基础，便于内部沟通

　　B. 指明了未来筹资需求规模和时限

　　C. 为管理者决策提供依据

　　D. 预算是评估项目绩效的基础

7. 按照监督的组织方式划分，财务监督可以划分为（　　）。

A. 全面监督　　　　B. 专题监督
C. 内部监督　　　　D. 外部监督

8. 对预算编制的监督内容主要包括以下哪些（　　）。

A. 预算的编制是否符合国家有关方针、政策和财务制度的规定

B. 收入预算是否稳妥可靠

C. 支出预算的安排是否贯彻了保证重点、兼顾一般的预算编制原则

D. 预算的编制是否内容完整、数字准确

## （三）名词解释

1. 非营利组织财务管理
2. 非营利组织的财务监督
3. 非营利组织的收入

## （四）简答题

1. 非营利组织财务管理的内容主要有哪些？
2. 如何做好非营利组织的经营收入管理？
3. 非营利组织的财务分析主要有哪些方法？
4. 非营利组织的财务预算具备哪些功能？
5. 简述非营利组织财务监督的表现形式。

### (五) 论述题

1. 你认为什么样的财务管理对于非营利组织来说才是健全的?
2. 非营利组织制定好的财务预算需要满足哪些条件?

# 第七章

## 非营利组织的人力资源管理

# 一、本章知识结构

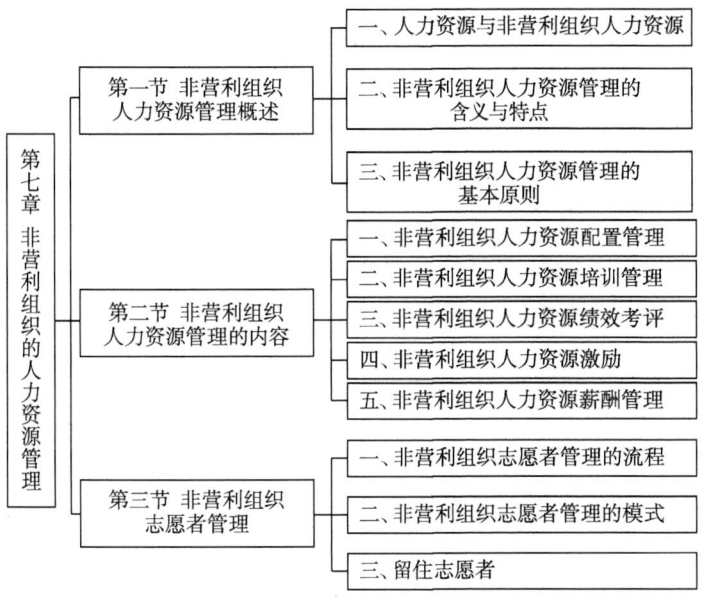

# 二、基本概念

1. 非营利组织人力资源管理：是指非营利组织运用现代人力资源管理理论，通过招募、培训、评估、激励等方式，对非营利组织的人力资源进行有效运用，并对所获得的人力资源进行整合、调控及开发，充分发挥人力资源的积极性和创造性，从而更好地实现非营利组织的宗旨和使命。

2. 非营利组织人员配置：指的是非营利组织以科学的测评手段和方法为工具，通过招募、甄选、录用和评估等程序，从组织内外获取合适的人员填补职员空缺，实现组织目标的过程。

3. 绩效考评：是一种正式的员工评估制度，即通过系统的方法、原理来评定和测量员工在职务上的工作行为与工作效果。

4. 非营利组织人力资源培训：是指非营利组织根据自身实际工作的需要，为提高员工的素质和能力而对其实施的培养和训练。

5. 志愿者：是指出于自由意志而非基于个人义务或法律责任，秉承以知识、体能、劳力、经验、技术、时间等贡献社会的宗旨，不以获取报酬为目的，为社会提供各项辅助性服务的人员。

## 三、重点与难点问题解析

### （一）非营利组织人力资源的构成是什么？

非营利组织人力资源一般由三种基本人员组成：理事、有酬员工和志愿者。

1. 理事。非营利组织理事一般包括创始人、发起人、专家学者、员工代表、受益人代表、社区居民代表、社会工作者等。理事（董事）会是非营利组织的最高决策机构，其主要职责是为非营利组织制定组织规划、组织政策，履行监督职能等。

2. 有酬员工。有酬员工是指非营利组织内职位较固定并领取薪酬的长期工作人员。有酬员工包括专职员工和兼职员工。在专职员工中，又分为管理者和一般员工。管理者通常由秘书长、部门主管和项目主管构成。管理者负责执行理事（董事）会制定的规划与政策、管理机构资源、开发服务项目、拓展外界联系、争取社会捐助等。一般员工的主要职责是在管理者的指导下处理日常事务、开展人员培训、对志愿者进行评价和监督等。

3. 志愿者。志愿者是指出于自由意志而非基于个人义务或法律责任，秉承以知识、体能、劳力、经验、技术、时间等贡献社会的宗旨，不以获取报酬为目的，为社会提供各项辅助性服务的人员。非营利组织志愿者通常分为管理型志愿者、日常型志愿者和项目型志愿者。管理型志愿者即加入志愿服务组织理事（董事）会或担任其顾问的志愿者。日常型志愿者，即参与志愿服务组织的日常工作并承担一定的组织角色（包括策划、管理、协调等）的志愿者，他们和志愿服务组织的其他成员一样每天工作。项目型志愿者，主要参与各种志愿服务项目或活动，为之提供支持。志愿者也是非营利组织重要的人力资源，非营利组织的很多活动都是依靠志愿者来完成的，但这部分人力资源相对不固定，往往是根据具体的组织活动而临时招募的。志愿者低偿或者无偿且易于流动的特点，决定了非营利组织需要采取特殊的管理模式对志愿者进行管理，志愿者管理是非营利组织人力资源管理中最具特色的一个环节。

## （二）非营利组织人力资源具有哪些特点？

1. 成员来源的广泛性。非营利组织的人力资源系统具有开放性，有酬员工、最高理事会成员与志愿者的招聘都面向全社会公开进行，尤其是对志愿者，只要符合条件，一般是"来者不拒"。

2. 成员目标追逐的非营利性。一方面，有酬员工收入的分配不与组织盈利挂钩，组织的财务制度以均衡为原则，盈利也要用于事业扩大；另一方面，志愿者加入组织是基于志愿、奉献、爱心、公益等非物质性的驱动，而不是为了获取报酬。

3. 成员间关系的平等性。大多数非营利组织的组织结构趋于扁平化，没有严格的等级制度，管理人员和一般员工之间也不是传统意义上的上下级关系。成员之间都是有着共同的使命感和责任感的合作伙伴，彼此之间互相协调、团结合作，为实现组织的目标和宗旨而共同努力。

## （三）非营利组织人力资源管理具有哪些特点？

1. 在人力资源管理上注重价值体系和使命感的作用。所谓价值，是指某人或某事对个人有用或重要，它同时也是个人追求的目标，不同的价值观决定着人们从事各种活动最基本的个人心理倾向，也是决定人们社会行为的最基本的内因。非营利组织具有公益性、慈善性和志愿性的特点，它强调对整个人类的点化和关怀，志愿精神是其灵魂，也是非营利组织凝聚力所在。这一独特的价值体系，不仅赋予非营利组织以明确的目标，使组织具有崇高的使命，而且也激励着每一个员工兢兢业业地工作，并从事业的成功中得到满足，分享快乐。因此，在创建之初，非营利组织都将这种社会使命确定为自己的宗旨和目标，以此表明非营利组织存在的价值与理由，这一宗旨和目标的确定为非营利组织的正常运转定下了基调。因此，在人力资源管理中，应特别强调价值体系和使命感对员工的激励与凝聚作用。

2. 日常管理与伦理管理相结合。伦理是指人与人相处的各种道德准则。在当今社会，非营利组织要想维持较长的生命力，伦理管理是非常重要的。可以说伦理管理是随着社会经济的发展而被纳入最新管理理论的，它不仅是经济社会和管理理论走向成熟的标志，也同样是非营利组织管理走向成熟的重要标志之一。因此，作为非营利组织的管理者应重视和自觉运用伦理管理，并将其与日常的人力资源管理相结合。非营利组织应遵循的基本伦理包括四个方面：第一，德行伦理，就是要求管理者以好的人格行事，这是对管理者人格的基本要求。第二，责任伦理，要求非营利组织主动承担更多的社会义务，即非营利组织必须以不污染、不歧视、不欺骗的方式来保护自己赖以生存的社会环境。作为社会大家庭的一员，非营利组织还必须融入自己所在的社区，并在公众中树立良好的形象，从而在改善社会中扮演积极的角色。第三，利益伦理，非营利组织不仅要考虑组织自身的利益，而且还要考虑所有关系人的利益。第四，权利伦理，非营利组织要尊重和保护个人自由与法律所规定的各种权利。我们主张将日常管理与伦理管理相结合，就是要有意识地将伦理道德引入管理决策及管理行为中。伦理管理要求非营利组织能够做到无私的社会承诺，恪守法令规章、组织承诺，公益使命优先，尊重个人的价值和尊严，包容社会的多元性并维护社会公平，开诚布公，慎用社会资源等。

3. 在人力资源管理方法上体现出了一些特殊性。(1) 素质要求的特殊性。由于非营利组织不是以获取利润为目的的，而是为社会公益或共同利益服务的独立机构，具有较高的社会使命感，因此，对非营利组织的成员素质应该有特殊的要求，即非营利组织的人力资源，其政治觉悟和道德品质要高于社会整体人力资源的平均水平。非营利组织内的领导、计划、经营、组织等活动应该有较高的自愿参与成分，成员之间要有很强的团队合作精神，成员个人要有较高的道德自律。（2）培训过程的特殊性。由于对非营利组织人力资源的素质要求不同于一般组织的人力资源，因此，对其培训也必然有所区别。培训内容除了一般意义上的技能培训与岗位培训，更需要侧重于使命感培训、责任感培训和道德感培训。（3）激励方式的特殊性。与营利组织相比，非营利组织的成员个人与组织之间缺乏责任相关性，以及直接的经济利益相关性。因此，在对成员的约束和激励过程中，目标激励、人本管理、文化建设及柔性管理显得更为重要。一方面，要通过倡导组织文化、设定组织目标将个体凝聚起来，以组织行为带动和约束个体行为，呼唤起个体成员的责任感和使命感，并用群体的认同感使其感到自身价值。另一方面，要贯彻人本管理理念，实行柔性管理，激发其内在的积极性，而不是热衷于制度、结构和模式。（4）绩效评价的特殊性。对于非营利组织的人力资源绩效评价与一般组织也有所不同，主要表现在绩效评价不一定与物质激励直接挂钩。在绩效评价过程中，定性的方法一般要多于定量的方法；对于员工贡献的评价，不应看重短期收益，而是要看重长远贡献。

### （四）非营利组织人力资源管理遵循的基本原则有哪些？

1. 人事相宜原则。行为科学研究表明，人是有差异的，具体表现在每一个人的知觉、性格、能力、情感、意志等方面。按照人本管理的思想，每一个人都是有用的，关键在于如何用其所长、避其所短。在非营利组织的人力资源管理中，管理者要围绕组织目标，寻求恰当的人与人、人与事之间的组合方式，通过组织、协调、控制等手段，将具有不同能力的个体以适宜的形式整合在一起，使组织整体功能大于各部分之和，从而有效地实现组织目标。管理者要根据个体能力等差异，为员工提供能够发挥自己特长、与自己能力相适应的岗位，这是发挥人最大价值的前提条件。管理者只有善于分析、掌握员工的个人特征，才能使人的潜能得到有效的开发和利用。能是指人力资源做功的能量。级即位，表示组织内部按照个体能量大小形成的结构、秩序和层次。在组织结构中，同一个人处于不同的管理层次时，所发挥的能量也是不同的。能级匹配是指在人力资源的开发使用中，要把具有不同能力的人安排在适合其发挥才能的岗位上，给予相应的权力和责任，使能力与岗位相匹配。这样，组织运行才能稳定有序，才能做到事得其人、人尽其才、人事相宜，做事才能事半功倍。

2. 德才兼备原则。德与才是非营利组织人力资源素质构成的两个基本要素。德才兼备原则是指在人力资源管理活动中，把组织个体乃至群体人员的德的素质与才的素质有机结合起来，作为育才、选才、用才的决定性内涵和标准，使组织人力资源的德、才素质不断优化，发挥其相得益彰的作用。德的素质包括个体与群体的政治品质、道德素质、个性品德三个方面；而才的素质包括智力、知识、专业与综合能力等。德才素质的统一，意味着非营利组织在人力资源的开发和管理过程中，组织成员的德、才条件是不可或缺、不可偏废的。德保证组织成员活动的方向，是才发挥的指导方向。有才无德的人，缺乏良好的政治品德和伦理道德，往往会利用职权谋取个人利益，而损害组织和公民的利益。才是德的主要表现形式。一个人没有才，难以在为民众服务的活动中有所作为。因此，一个领导者要成功地驾驭部属，必须以德感人，以理服人，以能力和实绩取信于人。这就是为什么我们要求非营利组织选拔德才兼备的人才，做到德以才附、才以德领的根本原因。

3. 开发与使用并重原则。开发与使用并重原则是指非营利组织在人力资源管理活动中，要根据社会经济及管理的需要，将人力资源的现实使用和不断开发联系在一起，使两者互接互补、相辅相成。非营利组织人力资源开发的目的是使用人力资源，而人力资源的使用又为开发指明了方向。如果我们只注重现实使用，而忽略了其发展，那么，人力资源不可能表现出资本的特性，而且也会导致未来组织的发展缺乏后劲和持续增长的能力。如今,许多非营利组织之所以特别重视人力资源的开发与再开发,就是高度重视人才使用和开发的双效增值作用。有的非营利组织甚至纷纷创立学习型组织,目的就是通过学习创造和完善自我,以扩大创造未来的组织能量,使组织的发展充满活力。

4. 激励强化原则。激励就是创造满足员工需要的各种条件,激发其动机,使之产生实现组织目标的特定行为的过程。简单地说,激励就是人们常说的调动员工的积极性。它有三层含义:对于个体,即激发动机;对于群体,即鼓舞士气;对于组织,即塑造文化。激励不仅是管理的一项重要职能,也是非营利组织人力资源管理的一项重要内容。非营利组织的管理者要认识到,没有激励和动力源泉,人力资源就无法发展。动力机制一方面来源于组织满足员工不同层次的期望和需求;另一方面来源于组织塑造一种良好的竞争环境,即发展、鼓励人们充分发挥自己的积极性、主动性和创造性,展示自身的潜能。对于非营利组织来讲,其根本的动力源泉就是其价值体系,既包括组织所制定和尊崇的价值体系,也包括员工个人的价值体系。通过激励管理,组织及员工能够实现其价值,并不断创造组织与人力资源发展的生机和活力。

5. 共同发展原则。非营利组织人力资源管理的第一目标是实现组织的发展,第二目标是促进员工的发展。

传统管理只注重组织的发展,而不注重员工的发展,所以生存能力较低。现代人力资源管理既要注重组织目标的实现,同时又要注重员工目标的实现,要认识到双方是一个利益共同体。因此,非营利组织在注重组织发展的同时,还要注重员工个人的发展,二者是相辅相成的:个人的发展要依赖于组织的发展,离开了组织的发展,也就谈不上个人的发展;同样,组织的发展要依赖于个人的发展,离开了个人的进步与创新,组织的发展将失去生机与活力。

## (五)非营利组织人力资源培训应遵循哪些原则?

1. 理论联系实际原则。理论联系实际是非营利组织人力资源培训的基本原则,是辩证唯物主义思想方法和工作方法的体现,也是对员工进行行之有效的培训的基本途径。理论联系实际就是把各种理论和非营利组织工作的实际内容结合起来,注重运用现代理论去解决实际问题。培训中,在推动员工学习理论知识的同时,要重视对他们实际工作能力和适应能力的培养与训练。

2. 学用一致原则。学用一致原则是指把对员工的培训和他们培训后知识的实际运用统一起来,培训的内容要与部门的工作实际相结合。培训本身是为了更好地开发非营利组织的人力资源,使受训者通过培训能够更好地适应职位需要,提高工作能力和工作效率。如果培训与使用脱节,培训便失去了意义。受训者学而无用,不仅造成人力、物力、财力的浪费，也使受训者失去了学习的动力。只有贯彻学用一致原则，做到学以致用，通过培训提高员工的专业知识和岗位技能，培训才能收到实际效果。

3. 按需施教原则。按需施教原则主要针对培训内容和形式而言，即根据组织的需要和员工岗位职责的要求，有针对性地选择培训形式、确定培训内容，对员工进行切合实际需要的培训。此外，在不同层次和不同岗位上任职的员工所需要的知识和技能也不同，因此培训的形式和内容也应有所差别。

4. 讲求实效原则。讲求实效原则主要针对培训的实际效果而言。为了实现提高员工素质和提高管理效能的目标，培训必须保证质量、突出实效。培训质量的高低是衡量培训成败的关键，没有质量，培训也就不可能取得好的效果。

## （六）绩效考评的目的是什么？

绩效考评是一种正式的员工评估制度，它是通过系统的方法、原理来评定和测量员工在职务上的工作行为与工作效果。绩效考评是非营利组织管理者与员工之间的一项管理沟通活动。绩效考评的结果可以直接影响到薪酬的调整、奖金发放及职务升降等诸多员工的切身利益。具体来说，绩效考评的目的是：

1. 作为奖励和惩罚的主要依据。非营利组织内的物质利益分配和精神奖励，必须符合贡献与报酬相对应的原则，才能使员工心理平衡，才能激发员工多做贡献。

2. 为具体、全面地了解员工提供依据。非营利组织在发展过程中，要提拔组织内部的一些人员到管理岗位上。提拔谁、不提拔谁，不能根据一时的情况，而应该依据被绩效考评对象的总体情况进行分析。连续的绩效考评记录，可以比较准确地反映总体情况。

3. 便于员工正确地了解自己。使员工知道组织的其他员工和领导对自己的看法及评价，明确自己在哪些方面应该改进或纠正、哪些方面可以继续发扬；同时，了解自己与其他员工尤其是优秀员工之间的差距。

4. 为员工今后的发展提供依据。非营利组织可以根据绩效考评的记录，很方便地了解每个员工的素质、技能、行为、知识等方面同组织要求之间的差距，这样就可以根据组织的要求为他们制订培训计划和发展规划。

5. 可以为非营利组织建立一种有利的工作环境。有效、公平的绩效考评奖惩制度，可以使员工心情舒畅，为员工发挥积极性和创造性提供极为有利的环境。

## （七）非营利组织志愿者管理的模式有哪些？

1. 自主管理模式。在这种管理模式下，志愿者拥有全部的工作决定权，他们可以自主处理他们认为应当处理的事情。这样不仅能够调动志愿者的积极性、提高其工作效率，而且还会增强志愿者工作的主动性，激发其承担更多的责任。在一些实施自主管理的非营利组织中，每位员工的工作能力都会得到较大的锻炼，综合素质较高、创造性较强的员工会脱颖而出，成为独当一面的业务骨干。目前，国内外越来越多的非营利组织开始采取这种管理模式，在为志愿者提供较为宽松的工作环境的同时，通过培养志愿者领袖，实现志愿者的自我管理，有力地促进了志愿者管理工作的效能。

2. 定期报告模式。在这种管理体制中，志愿者是工作的主导，可以亲自处理他们的工作，但需要在某些时候向管理者报告工作的进展及已处理的事项，使管理者获得更多的信息，保证工作朝着正确的方向发展。这种管理模式可以发挥志愿管理者的监督作用，使他们能对志愿者进行经常的监督和管理，从而保证工作沿着既定的路径进行。这种管理是在传统的自上而下的管理模式外引入自下而上的管理反馈机制的一种控制型管理，志愿者的工作目标及目标的实现等都是由管理者来控制的。

3. 监督工作模式。如果管理者对志愿者缺乏足够的信任，那么他就需要采取行动去监督志愿者工作的进展，并减少其工作自主权。在这种管理模式下，志愿者也是工作的责任人，但在采取行动前，他要向管理者提出采取行动的建议并获得认可。这样管理者便可在工作进展上有较大的控制权，如果管理者认为志愿者所做的决定不恰当，能够在行动前制止。

4. 指令工作模式。如果管理者对志愿者的表现十分担忧,唯一适用的便是不赋予志愿者任何自主权的管理模式。在这种管理模式中,志愿者无须为工作提出建议,也不能自行做出决定,他们只需按管理者的指令行事。如果志愿者不知道下一步该怎么办,他们必须请示管理者,管理者也必须为志愿者的行动提出方案。当志愿者被安排到这种模式下,他们工作的主动性、积极性和创造性会受到限制,从而产生厌恶感。当志愿者感到不满时,他们对工作的投入程度会减弱,不易获得令人满意的工作成果,甚至不愿再提供志愿服务。

在志愿活动中,最重要的是志愿者的参与。在上述四种管理模式中,前三种是最为常用的和积极的管理模式。但是在以下两种情况下可考虑第四种模式:第一种情况是,志愿者并无相关的工作经验,需要接受训练,对工作没有足够的认识,无法提出有效的建议;第二种情况是,在紧急情况下,没有足够的时间去聆听志愿者的建议。

## 四、自测题

### (一) 填空题

1. 按照现代人力资源管理的要求,非营利组织人员配置要从_____的角度考虑。

2. 非营利组织志愿者通常分为管理型志愿者、日常型志愿者和_____志愿者。

3. _____是非营利组织的最高决策机构，其主要职责是为非营利组织制定组织规划、组织政策，履行监督职能等。

4. _____是把战略放在组织管理过程的核心地位，以一种深刻而一致的方法描述了战略在非营利组织各个层面的具体体现，从而具有独特的贡献和意义。

5. 对志愿服务的评估包括_____和过程两个层面上的评估。

6. 非营利组织对志愿者进行管理，目的是_____，促使志愿者高效地投入组织的工作中，以提高志愿服务工作的质量，并帮助志愿者获得发展。

7. 对志愿者的激励，要坚持精神与物质激励并举，并突出_____的原则。

8. 志愿者培训内容可归纳为两个范畴：基础理论和_____。

9. 志愿者培训工作需要符合管理的_____，从分析培训需求，到制订培训计划、开展培训，再到评估反馈，一个环节都不能少。

10. 在志愿者工作规划中，要明确组织在做哪些项目，在做项目的过程中开展了哪些活动，这些活动又需要哪些岗位。对于每个岗位要有一个详细的岗位分析，这是对组织中某个特定职务的工作内容和职务规范的描述和研究过程，即_____和职务规范的系统过程。

## （二）选择题（每题至少有一个答案，多选少选均不能得分）

1. 非营利组织理事会的理事一般包括（　　）。
   A. 社区居民代表　　　B. 社会工作者
   C. 创始人　　　　　　D. 员工代表

2. 非营利组织应遵循的基本伦理包括（　　）。
   A. 利益伦理　　　　　B. 权利伦理
   C. 责任伦理　　　　　D. 德行伦理

3. 非营利组织人力资源培训内容侧重于（　　）。
   A. 使命感培训　　　　B. 道德感培训
   C. 权利感培训　　　　D. 责任感培训

4. 非营利组织人力资源培训遵循（　　）。
   A. 学用一致原则
   B. 按需施教原则
   C. 讲求实效原则
   D. 理论联系实际原则

5. 非营利组织人力资源培训的形式包括（　　）。
   A. 在职员工的组织内培训
   B. 在职员工的外派培训
   C. 新员工上岗培训
   D. 员工终身教育

6. 非营利组织员工的工资通常由（　　）构成。

A. 补贴 B. 奖金
C. 津贴 D. 基本工资

7. 最为常用和积极的非营利组织志愿管理模式是（　　）。

A. 监督工作模式 B. 指令工作模式
C. 自主管理模式 D. 定期报告模式

8. 当志愿者并无相关的工作经验，需要接受训练，对工作没有足够的认识，无法提出有效的建议时，采用（　　）。

A. 监督工作模式 B. 指令工作模式
C. 自主管理模式 D. 定期报告模式

9. 策划及进行对志愿者的培训时必须考虑的因素包括（　　）。

A. 使用者参与 B. 志愿者参与
C. 时间配合 D. 成本控制

10. 要使志愿者保持积极的工作心态，需要志愿组织和管理人员通过各种方式激励志愿者，满足他们的各种需求，在所有的需求中，得到（　　）是极为重要的。

A. 自主性需求 B. 权力需求
C. 认同需求 D. 兴趣需求

## （三）名词解释

1. 非营利组织人力资源管理
2. 非营利组织人员配置

3. 绩效考评

4. 非营利组织人力资源培训

5. 志愿者

## （四）简答题

1. 简述非营利组织人力资源的构成。

2. 非营利组织人力资源具有哪些特点？

3. 非营利组织人力资源管理需要遵循哪些基本原则？

4. 绩效考评的目的是什么？

5. 非营利组织人力资源培训需要遵循哪些原则？

## （五）论述题

1. 试述非营利组织志愿者管理的模式。

2. 试述非营利组织人力资源管理的特点。

# 第八章

## 非营利组织的项目管理

# 一、本章知识结构

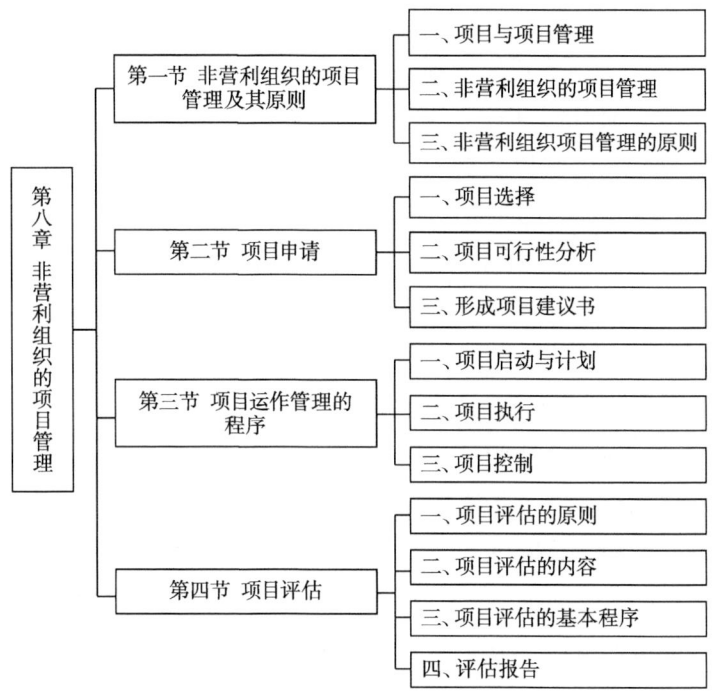

# 二、基本概念

1. 项目：是指围绕着某一特定的目标所展开的，在特定的组织内部，在现有的资源条件下，在规定的时间内，完成任务的一系列活动。

2. 项目管理：是指在有限的时间、预算等现有资源的条件下，将各种知识、技能、手段、技术应用到项目中，对项目涉及的资源进行计划、组织、指挥、协调和控制，以达到项目要求的管理活动。

3. 非营利组织的项目管理：非营利组织为了实现其宗旨，通过项目申请的形式获取资金、人力等资源，并优化配置所获得的资源，组织、计划、控制项目的运作过程，达到项目的既定目标。

4. 可行性研究：最早起源于美国，是美国在20世纪30年代开发田纳西流域时开始推行的一种技术方法。

5. 项目可行性研究：是指项目投资决策前对项目进行技术经济论证的项目阶段，通过对项目的主要内容和配套条件，如市场需求、项目规模、环境影响、资金筹措、组织宗旨实现的程度及能力等，从技术和经济等方面进行调查研究和分析比较，并对项目完成后可能取得的经济效益及社会影响进行预测，从而提出该项目是否值得投资和如何进行建设的咨询意见，为项目决策提供依据的一种综合性的分析方法。

6. 项目启动：是指由于项目中的一般项目工作人员对项目的具体实施细则了解程度不高，因此需要一个带有动员会和培训会性质的项目启动会议，来加强每个参与项目工作人员的素质和能力。

## 第八章　非营利组织的项目管理

7. 项目计划：是指为了完成项目目标而对项目所需的人力、财力、物力和宣传活动等进行合理的安排和落实。

8. 项目执行：是指正式开始为完成项目而进行的活动或努力的工作过程。

9. 项目控制：是指以事先制订的项目计划和各项指标为依据，定期或不定期地对项目实施的所有环节和工作情况进行调查与分析，发现项目活动与标准之间的偏离，分析成因，研究纠偏措施，并提出切实可行的实施方案，供项目管理层决策的过程。

10. 项目监测：是指项目的管理人员根据项目的计划和目标，在项目实施的整个过程中对项目状态以及影响项目进展的内外部因素，进行及时、连续、系统记录和报告的活动过程。

11. 非营利组织的项目控制：是指项目在运作过程中，项目的管理者对项目的实施情况进行跟踪监测，把握项目的实施情况和实际进展，并采用各种控制方法，保证项目计划预期目标的顺利实现。

12. 项目评估：是指直接项目投资活动中，在项目可行性研究的基础上，从整体的角度对拟建设项目的计划、实施方案等进行全面的技术、经济论证和评价，从而确定该项目未来发展的前景。

# 三、重点与难点问题解析

## （一）项目管理与目标管理的区别有哪些？

项目管理是基于目标开展管理活动的，具体来说，就是把项目分为若干大项目，再把大项目分解为若干子项目，进而分解为具体的工作包，在管理时依据不同层次的工作包来制定各自的目标，实施目标管理。

两者的区别在于：目标管理是一个范围更大、更抽象的管理模式，而项目管理针对的是一个具体的项目。

## （二）现代的项目管理具有哪些特点？

1. 项目管理的复杂性。一般来讲，项目都是由多个部分组成，工作的跨度涉及多个部门和机构，在实施过程中也存在很多不确定的因素和风险等问题。

2. 项目管理的周期性。一般而言，非营利组织的项目管理始于项目申请，终于项目评估；大型的非营利组织在上次项目评估结果的基础上，再开始新一轮的项目申请。

3. 项目管理需要协调和沟通。这主要是由项目管理的复杂性决定的，项目在运作过程中通常需要组织内外部多个部门和机构的配合才能进行下去。

### （三）非营利组织的项目管理按照不同的标准是如何进行分类的？

非营利组织的项目管理以服务类项目为主，其他项目为辅。非营利组织的项目管理按照不同的标准，有不同的分类。按照项目资源来源的国别划分，可分为国际项目和国内项目；按照项目的来源划分，可分为组织外部项目和组织内部项目；按照项目涉及的领域划分，可分为扶贫项目、环保项目、教育项目和医疗卫生项目等。

### （四）非营利组织项目管理遵循哪些原则？

1. 围绕组织宗旨开展项目管理活动。非营利组织的宗旨是其存在的依据和行动的最高纲领，在进行项目管理的过程中，所有活动都必须以符合组织宗旨为最优先考虑的因素。

2. 坚持组织项目管理的可持续性。因为许多非营利组织的项目都需要比较长的时间，只有坚持项目管理的可持续性和长效性，才能将人事变动、现实情况发生变化等突发事件所带来的危害降到最低。

3. 项目管理过程重视项目申请环节。能否申请到项目，关系到非营利组织的生存和发展。重视组织项目申请的环节，有助于提高组织的竞争力，更好地保障项目运作过程所需要的各种资源，从而实现非营利组织的宗旨。

4. 项目管理过程注重运作效率。非营利组织虽然不以盈利为目的，但是由于组织内部资源的有限性，还是要注重项目运作的效率，尽可能地控制成本、优化资源，提高效率和效能。

## （五）项目进行设计的步骤是什么？

1. 分析组织自身与合作对象的现实情况。主要是分析组织的近期战略目标，并总结以往项目所积累的经验。

2. 分析当地实际情况。每个地方都有自己独特的自然地理环境与人文环境（包括物质和人类资源环境），只有根据当地的情况和特色设计出来的项目才能顺利实施。

3. 项目选题。非营利组织项目选题是根据非营利组织和资助机构的关系来划分的，主要有三种形式——命题式选题、非命题式选题和合作式选题。选题有助于项目资助机构形成明确的项目指南，选题是一个磋商和调整的过程，也是为了在合作的基础上明确项目指向的过程。

4. 可替代方案的设计。对于合作方而言，仅有一套方案是远远不够的。因此，要求在进行项目设计时，把各种思路都罗列出来，为项目的可行性论证和最终方案的确定提供素材及决策依据。

## （六）项目可行性研究的过程是什么？

一般来讲，项目可行性研究的过程包括机会研究、方案策划、初步可行性研究和详细可行性研究四部分：

1. 机会研究，包括一般机会研究和特定项目机会研究两种。一般机会研究主要是鉴别与发掘投资的机会、找到资助方达成投资意向，并形成可供选择的项目发展方向和投资领域。特定项目机会研究则主要用于筛选项目，提出具体的项目建议。

2. 方案策划，是指根据项目的目标与组织的宗旨，进行总体规划与设计，主要包括总体方案设想与规划、各部分功能设计和方案选择等方面。

3. 初步可行性研究，即对项目进行初步的论证和估计，分析项目的发展前景、关键技术管理方面的问题以及相关研究并确定工作内容。初步可行性研究要回答该项目的必要性、所需的时间周期、资源需求、资金筹措来源、所得利益以及可能存在的风险等问题。

4. 详细可行性研究，是在决策前对与项目相关的经济、技术、环境、政策等方面的条件和情况再次做出详尽、系统而全面的调查、研究与分析，对各种可能的建设方案和技术方案进行充分的比较论证，对项目完成后所获得的组织目标达成情况、经济效益和社会效益做出预测和评价。

## （七）项目可行性研究报告的组成部分有哪些？

1. 项目总论部分，主要包括项目的基本情况、可行性研究结论、存在的问题及建议等内容。

2. 项目背景和发展概况，主要是论述项目提出的背景、项目发展的概况以及项目投资的必要性等内容。

3. 项目的对象、市场分析，主要是对服务对象和市场进行调查，了解服务对象和市场的现实需求，从而决定项目实施的方案和建设的规模。

4. 建设条件，主要是论述现有的和需要的资源情况，并对建设区域等环境进行选择。

5. 技术方案，包括项目的组成、具体的生产技术方案和其他工程等方面。

6. 项目组织，包括主持该项目组织的组织形式、工作制度、与合作机构的合作方式以及组织人员培训等方面。

7. 项目实施的进度安排，主要是对项目实施的各阶段进行确定，形成项目实施进度表，并将实施过程中所需要的费用罗列出来。

8. 投资估算和资金筹措，主要包括项目总投资的估算、分析资金筹措的途径，以及资金的投资使用计划等。

9. 可行性研究结论与建议，主要包括项目可行性研究之后形成的结论、一些附件和附图等。

项目可行性报告编制的思路是要能给项目资助方一个系统而完整的思路，项目可行性研究的结论和实施的要点、关键内容要有较高的信度和效度。

## （八）项目建议书的内容有哪些？

1. 项目建设背景，主要解释已经具备的项目建设条件和进行项目建设的必要性。

2. 项目建设的主要内容，主要说明如何完成项目。

3. 项目的时间安排，主要明确交代整个项目实施的具体进度计划。

4. 投资估算与资金筹措，主要包括投资估算的依据和计划的资金来源。

5. 项目成果分析，主要阐述该项目运作后最终可能产生的成果。

6. 风险应对措施，主要探讨项目在运作过程中存在的潜在风险以及应对措施。

## （九）非营利组织项目运作管理的程序是什么？

1. 项目启动和计划；
2. 项目执行；
3. 项目控制。

## （十）项目计划制订过程应遵循的原则有哪些？

1. 目的性原则；
2. 系统性原则；
3. 效益性原则；
4. 动态性原则。

## （十一）项目执行的工作步骤是什么？

1. 安排即将进行的工作；
2. 对进行工作的人员授权；

3. 时间控制和管理；
4. 项目费用预算管理；
5. 组织项目团队按照项目计划完成预定的工作。

## （十二）项目监测和项目控制的关系是什么？

1. 项目监测是项目控制的前提和基础；
2. 项目控制是项目监测的目的；
3. 通过对项目的监测和控制去判断问题、纠正偏差，进而对计划做出适当变更，更好地完成项目目标。

## （十三）项目评估的原则有哪些？

1. 项目评估的客观、公正且科学原则；
2. 项目评估的可比性原则；
3. 定量分析与定性分析相结合的原则；
4. 公开性和反馈性相结合的原则；
5. 微观效益分析与宏观效益分析相结合的原则。

## （十四）项目评估的内容是什么？

1. 项目目标和投资必要性的评估；
2. 项目的设计和建设条件评估；
3. 项目财务情况评估；
4. 项目成果评估；
5. 项目组织和管理能力评估；
6. 受益对象评估；

7. 总体评估。

### (十五) 项目评估的基本程序是什么？

1. 项目评估组织安排；
2. 项目评估资料收集；
3. 项目审查分析；
4. 项目评估报告的编写。

## 四、自测题

### (一) 填空题

1. _____就是在有限的时间、预算等现有资源的条件下，将各种知识、技能、手段、技术应用到项目中，对项目涉及的资源进行计划、组织、指挥、协调和控制，以达到项目要求的管理活动。

2. _____是非营利组织进行项目管理时的首要环节。

3. _____是项目投资决策前对项目进行技术经济论证的项目阶段。

4. _____是在对前期工作总结的基础上形成的向资助方提交的正式文件。

5. 人员配备主要包括_____和合作机构两部分。

6. _____是指正式开始为完成项目而进行的活动或努力的工作过程。

7. 项目控制的内容包括项目监测和_____。

8. 项目控制的重点在于项目的范围、质量、_____和_____。

9. 非营利组织项目评估主要可以通过诚信度评估指标、_____、项目绩效评估指标和组织能力评估指标四大评估指标来进行。

10. 可行性报告中的_____主要包括项目的基本情况、可行性研究结论、存在的问题及建议等。

## (二) 选择题（每题至少有一个答案，多选少选均不能得分）

1. 非营利组织项目选择，可分为几个阶段（　　）。
   A. 项目的遴选阶段　　　　B. 项目的决策阶段
   C. 项目的设计阶段　　　　D. 项目的选择阶段

2. 项目的可行性研究的过程包括（　　）。
   A. 机会研究　　　　　　　B. 初步可行性研究
   C. 方案策划　　　　　　　D. 详细可行性研究

3. 根据非营利组织项目管理的特点，可以将非营利组织项目运作管理的程序总结为（　　）部分。
   A. 项目启动和计划　　　　B. 项目执行
   C. 项目控制　　　　　　　D. 项目评估

4. 在项目计划制订过程中，一般应遵循（　　）

原则。

  A. 目的性      B. 系统性

  C. 效益性      D. 动态性

  5. 非营利组织在项目选择阶段所要做的第一件事情是（  ）。

  A. 项目的设计      B. 项目的执行

  C. 项目的遴选      D. 项目的选择

## （三）名词解释

1. 非营利组织的项目控制
2. 项目评估
3. 项目管理
4. 非营利组织的项目管理
5. 项目控制

## （四）简答题

1. 简述在进行非营利组织项目管理的时候，应当遵循哪些原则。
2. 简述项目建议书的主要内容。
3. 简述项目执行的工作步骤。
4. 简述非营利组织项目评估的原则。
5. 简述在进行项目评估时，应当遵循的基本程序。

## (五) 论述题

1. 试论述项目可行性研究报告应该包括哪些部分。
2. 试论述非营利组织项目评估的主要内容。

# 第九章

## 非营利组织营销

# 一、本章知识结构

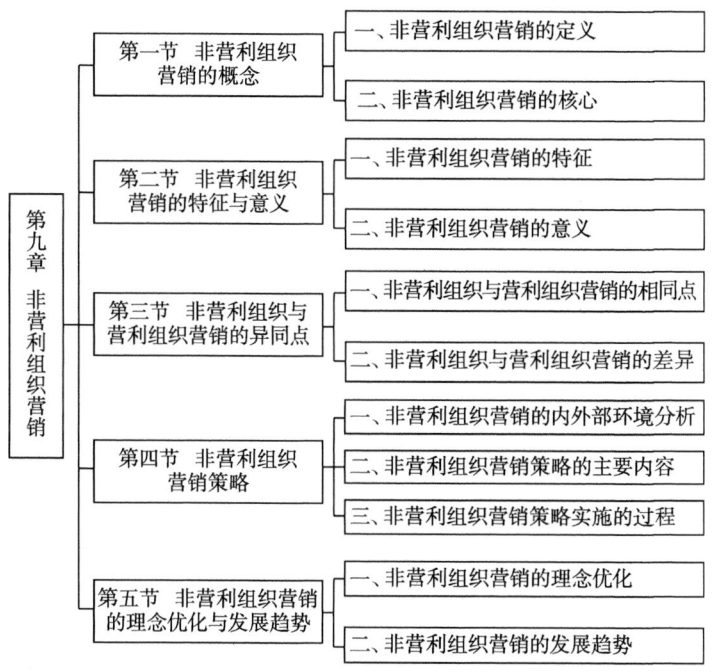

# 二、基本概念

1. 非营利组织营销：在达成组织目标、满足消费者需要的交换过程中，非营利组织通过创造、提供及与他人交换有价值的准公共物品而满足自身的需要与欲望。

2. 非营利组织的"4P"核心：营销的核心是所谓"4P"，即产品、价格、推广、渠道。对于非营利组织营销来说，同样遵从这样的核心。

3. 非营利组织的内部营销：针对员工和组织成员的营销。与针对服务对象和捐助对象的外部营销相比，非营利组织的内部营销强调公益性、慈善性、志愿性。

4. 非营利组织的多元化经营：是指非营利组织为满足市场的需求，同时提供多种准公共物品或服务的经营方式。与营利组织不同，非营利组织多元化经营并不以获取投资的最高回报率为最终目的，而是以实现其社会使命和共同愿景为宗旨。因此，在实施多元化经营时，非营利组织更多考虑的是其社会使命。

# 三、重点与难点问题解析

## （一）如何理解非营利组织营销的特征？

1. 目标的多重性。非营利组织实施营销管理倾向于追求多重目标，其中最主要的目标是实现组织的使命，造福整个社会，当然同时要尽可能地增加收入，使组织生存、发展、壮大。对于非营利组织的营销人员来说，要想实现所有的目标是很困难的，因此，必须善于选择较为重要的目标，对多重目标进行重要程度排序，以便有效地配置组织资源。由于非营利组织目标具有多样性，所有目标同时实现较为困难，在管理过程中往往要根据现实情况分清主次，选择较为重要且紧急的目标优先配置资源。

2. 营销的社会化。非营利组织的营销是一项非常复杂的社会化系统工程。非营利组织的营销不仅要考虑组织自身的因素，还要考虑组织与外部社会环境的关系与互动。非营利组织的营销注重客户的长远利益和长期社会福利，因此，在其营销活动和计划中含有较多的社会营销成分。另外，志愿者等的社会参与，可以降低非营利组织的营销成本，提高组织营销的效率。非营利组织的营销具有社会化的特征，因此，在实施过程中，组织形象的塑造和公关手段的运用就成为两个十分重要的方面。组织形象的塑造是为了包装非营利组织，提升组织的声誉，而公共关系则是要通过有计划的、持续的努力，建立并维持组织与公众之间良好的相互理解和沟通，它们在非营利组织的营销中居于突出地位。

3. 服务的广泛性。营利组织服务的对象是顾客，所以要以顾客为中心进行营销。而非营利组织不仅要服务顾客，同时也要对捐助者营销。因为捐助者是非营利组织的资金来源，缺少了捐助，非营利组织将无法运作。另外，还要处理好与其他利益相关者的关系，要运用好公共关系营销手段，维护好自身的公众形象。要树立全员营销、全过程营销的理念，从组织最顶层的高级主管到一般工作人员，每个人都要关注营销。此外，由于非营利组织提供的是公共服务，接受的是无偿捐助并免税，因此其行为将受到严格的公众监督，其活动必须要服从公众利益。

4. 营销的伦理性。在非营利组织进行营销活动时，要求员工不仅具有深厚的专业知识、高超的技能，而且具有高度的责任感和崇高的个人道德。良好的声望与信用有助于非营利组织吸引顾客、捐赠者、潜在的志愿者和其他部门的支持者。非营利组织在进行营销策划、制定营销战略、改善组织形象、提高服务质量时，要关注非营利组织的"大义性"，要记住义利共生这一道理。

## （二）如何理解非营利组织营销与营利组织营销的不同点？

1. 客体不同。与营利组织不同的是，非营利组织不仅要对顾客进行营销，还要考虑对捐助者的营销。前者涉及资源的吸引和配置，而后者仅涉及资源吸引问题。此外，非营利组织还要妥善处理与其他各种利益相关者的关系。

2. 目标或使命不同。利润最大化是营利组织所追求的目标，而非营利组织所追求的是经济效益、社会效益、生态效益的最佳整合。尽管有时非营利组织营销得不到公众的支持，而且还会影响相关群体的利益，但受使命驱策，非营利组织仍要积极参与到改造社会不良习惯的营销活动中。

3. 非营利组织产品多为服务。大多数非营利组织提供的产品主要是服务和社会行为，而服务与商品是有一定区别的，它具有无形性、不可分离性、可变性、不可储存性和无权性等特征。因此，非营利组织营销具有明显的服务营销的特点，强调人是服务产品的构成因素，重视内部营销管理，更加强调顾客的时间成本等。非营利组织营销与服务营销一样，并不仅仅以财务指标作为评判依据，它还要考虑"使生活变得更好""提高人们的居住环境水平""改变人们的不良观念"等社会指标，这就要求非营利组织拓展思路，以更开阔的眼光审视营销的效果。

4. 非营利组织要接受更严格的公众监督。由于非营利组织享受税收上的优惠并能获得无偿资助，而且很多工作人员都是志愿者，因此，开展营销活动时往往要接受更严格的公众监督。非营利组织的一举一动常常引起大众媒体、捐助者和顾客的关注，因此，非营利组织受到的公众压力远远大于营利组织。

## （三）如何做好非营利组织营销的内外部环境分析？

非营利组织的内外部环境分析是指对其具有的组织条件和面临的市场环境的分析。这是策略性营销的第一步。做好非营利组织营销的内外部环境分析主要包括三个方面：重温组织的宗旨、分析组织面对的环境、分析组织的优势和劣势。

1. 重温组织的宗旨。非营利组织的宗旨和营利性组织的截然不同，它更倾向于实现社会福利，为社会造福而不是创造利润。宗旨赋予了非营利组织一定的公益使命，这种使命要求非营利组织不能以谋取私利为目的，而要通过积极的营销和市场活动来服务于社会大众，为改善人类生存条件做出贡献。

2. 分析组织面对的环境。非营利组织进行营销时应仔细分析各环境因素，以便选择正确的目标市场，具体包括：（1）一般环境。一是组织发展的社会环境，诸如政治、法律、经济、社会、文化、科技、教育等，非营利组织需要分析这些因素的变化、发展及趋势，总结出这些变化对组织发展造成的直接或间接的影响。二是组织发展的外部条件，诸如资助者、政府、媒体、受益者、合作伙伴、竞争对手、社区居民，需要分析这些因素和非营利组织的关系。（2）市场状态。这里的市场是指非营利组织开展活动及其服务的主要场所或空间。目前市场是怎样划分的？市场由哪些部分构成？市场的结构和层次如何？等等。（3）受益者。需要分析：谁是非营利组织营销直接的和间接的受益者？谁是潜在的受益者？受益者的需求及其潜在的需求是什么？等等。（4）竞争者。需要分析：谁是非营利组织营销直接的或现在的竞争者？谁是间接的或潜在的竞争者？竞争者的规模如何？等等。(5) 其他人群。志愿者、资助者、专业团体、政府各级机构、非受益人群的普通民众、评价者、旁观者等人群的存在以及他们组织各自的行为、意见、偏好等特征及其变化，都会影响非营利组织。

3. 分析组织的优势和劣势。主要包括以下三方面内容：(1) 明确组织的目标。在重温组织的宗旨和分析组织面对的市场环境的基础上，要明确组织开展营销活动的具体目标。同时，要建立绩效评估制度，以保证在目标实现的过程中能有效地对其进行监督。(2) 明晰定义组织的资源。明确组织的资源优势和资源约束在哪里、现有可支配资源有哪些、这些资源通过合理配置和利用能给组织带来哪些方面的利益，等等。(3) 政策。这里的政策指的是除营销战略以外的组织发展政策，包括针对主要的受益人群、资助者、社区居民以及其他顾客所采取的政策，在人力资源、志愿者、资源分配方面采取的政策等。

### (四) 非营利组织营销组合包括哪些策略？

非营利组织通过营销组合在目标市场上开展活动以实现自己的目标。营销组合的四个要素是非营利组织营销的核心，即"4P"，包括产品、价格、推广和渠道。

1. 产品策略。对产品进行研究是非营利组织营销的关键所在。非营利组织在制定产品策略时，要注意以下几方面：

第一，非营利组织要根据顾客对产品的需求情况来开展营销任务。非营利组织产品的需求包括双重需求、抽象需求、非常规需求、渐弱的需求、没有充分满足的需求和不健康的需求。非营利组织产品的需求不同，所要开展的营销任务就不同。

第二，非营利组织必须做好与产品相关的社会服务。社会服务是非营利组织产品的一种工具和附属物。非营利组织不仅要掌握推销观念和实践的技巧，还需要掌握推销服务的技巧。

第三，非营利组织要为产品设计独特的品牌。品牌对非营利组织的作用日益明显，它是建立顾客忠诚度的最有力、最简便的工具。品牌已经成为联系顾客和非营利组织的桥梁和纽带，顾客通过品牌来了解组织，组织通过品牌来更好地满足顾客的需求。

2. 定价策略。非营利组织在采用产品定价策略时，首先要以组织的宗旨为中心进行评估。非营利组织的定价策略要为组织的使命服务。非营利组织可以用部分收入扩大组织的规模、促进事业的发展，从而更好地为人民和社会服务。在采用定价策略时，非营利组织可以通过减少顾客的交通时间和等候时间，以及向顾客提供高质量的人际交流和广泛的信息指导等方式来尽量降低顾客的时间成本和顾客感知风险。

3. 分销策略。非营利组织可以通过以下渠道分配组织的产品：（1）传媒。主要包括电视、收音机、报纸、户外广告、网络等各种类型。（2）志愿者。志愿人员与顾客的交流是非营利组织独特的传播渠道。志愿者代表了整个组织的形象，他们与顾客对非营利组织营销问题的交流决定着组织的成败。（3）专业人员。非营利组织在产品分配时可以通过奖励和营销计划来吸引专业人士的加盟，使他们觉得参加非营利组织的活动可以得到资金的赠予和声誉的提高。

许多非营利组织多采取大众媒体、专业人士以及人际交往的渠道相互结合的方式来实现产品分配的最大化。

4. 促销策略。非营利组织主要利用广告和公共关系来传播有关信息，常用的方法包括：（1）通过公益广告、慈善广告等，宣传组织的产品，提高组织的知名度；（2）通过邮寄的方式有针对性地使顾客了解组织产品的信息；（3）借助各种媒体发表关于非营利组织的各种正面新闻；（4）经常组织一些由志愿者参加的公关活动，通过这些活动引起公众的注意，树立组织的形象。

## （五）如何理解非营利组织营销的发展趋势？

随着非营利组织的自身发展和社会需求的多元化及复杂化，非营利组织的营销也出现了一些新的发展趋势。非营利组织需要关注这些趋势，并结合自身的内外部环境，适当调整营销策略。

1. 非营利组织的多元化经营。非营利组织多元化经营是指非营利组织为满足市场的需求，同时提供多种准公共物品或服务的经营方式。非营利组织多元化经营并不以获取投资的最高回报率为最终目的，而是以实现其社会使命和共同愿景为宗旨。因此，在实施多元化经营时，非营利组织更多考虑的是其社会使命。非营利组织多元化经营受以下几个重要因素的影响：（1）顾客关注因素的多样化。要求非营利组织的营销者在营销组合中不仅要考虑价格问题，还要精心设计一些非价格的元素，来满足各种阶层人士的需求。（2）顾客更重视服务品质的趋势。高服务质量本身就是非营利组织的一个核心竞争优势。（3）社会文化的多元化。非营利组织多元化经营主要是出于满足社会需求、实现社会使命的需要，同时也是为取得范围经济和规模经济、提升产品的生命周期曲线的需要。非营利组织应以需求为导向，挖掘消费者的潜在需求，开拓新的市场，在不断满足顾客所需的基础上，展开多元化经营，通过共享非营利组织的价值链活动，提高差异化，完成其社会使命。

2. 主动寻找企业合作伙伴。面对竞争，非营利组织和企业合作是一个双赢的选择。非营利组织可以通过企业，获得自身需要的资金和援助，加强公众对问题的关注；企业可以通过参与非营利组织的活动实现更多的销售，打造一个更好的公众形象，提升知名度，获得更多公关机会，同时提高雇员的士气等。合作的主要形式有：（1）公益推广活动，这是最常见的一种形式。公司将销售利润的一定比例，以现金、实物或设备的形式捐赠给非营利组织。（2）共同的主题营销，在这种合作关系中，公司与一个或多个非营利组织达成协议，通过分发产品和宣传资料以及广告宣传等形式，共同解决某个社会问题。（3）合法许可证方式的营销，即非营利组织在收取一定的费用或提取部分收入的条件下批准营利性公司使用其名称和商标。

3. 确立与政府的新关系。在非营利组织营销过程中，非营利组织与政府更多地倾向于民办官助的形式，这有助于形成非营利组织的民间性、自治性的本性，也使二者的关系由原来的管与被管朝着平等合作的伙伴机制发展。在当今我国社会转型期，为了推动资源的合理配置，应把原来由政府职能部门承担的公共服务交给非营利组织承担，并增强公共服务生产者的可选择性和价格机制的导向作用。加快改革步伐，实行政事、政社分离，让民间组织承担更多的公共服务职责，发挥原来由政府承担的公共服务职能，就是对非营利组织的经费支持和资源配置。在政府资助中，关键是尽量减少政府的任性和随意，采取政府采购的方式，选择承接政府转让出去的公共服务的非营利组织。但是，也要体现政府扶助的导向性，把社会急需、公益性强、活动能力强的非营利组织作为重点扶持对象。目前我国社区服务型及促进劳动就业、环保、教育等类型的非营利组织应当成为政府扶持的重点。

## 四、自测题

### （一）填空题

1. 非营利组织营销是指在达成_____、满足消费者需要的交换过程中，非营利组织通过创造、提供及与他人交换有价值的准公共物品而满足自身的需要与欲望。

2. 非营利组织营销是一个_____，在这个过程中非营利组织通过创造、提供及与他人交换有价值的准公共物品而满足自身的需要与欲望。

3. 营销的核心是所谓"4P"，即_____、_____、_____、_____。对于非营利组织营销来说，同样遵从这样的核心。

4. 非营利组织的产品质量体现在_____中，提供的服务质量如何要以公众的标准来进行衡量。

5. 对于一个非营利组织来说，价格意味着对_____的收费。

6. 对于一个非营利组织来说，推广意味着积极地宣传自己，扩大组织的社会_____，让社会更多、更全面地了解组织，吸引公众对于组织提供的公共服务的注意力。

7. 对于非营利组织而言，渠道主要是指其产品或服务所要覆盖的_____。

8. 非营利组织实施营销管理，虽然不以盈利为目标，但其追求的目标至少有两个，即对内_____、对外_____。

9. 非营利组织的营销具有_____的特征，因此，在实施过程中，组织形象的塑造和公关手段的运用就成为两个十分重要的方面。

10. 非营利组织该如何做好内外部环境的分析？其主要内容包括三个方面：_____、_____、_____。

11. _____是非营利组织的灵魂，它明确地界定了一个组织的受益群体及其利益和需要，规定了组织如何去满足这些利益和需要。

12. 通过分析组织所处的_____，把握组织所面临的机遇和挑战，是制定营销措施的前提之一。

13. 非营利组织营销组合策略主要包括_____、_____、_____、_____。

14. _____是非营利组织营销的核心思想和理论基础，它贯穿于非营利组织营销各部分内容的始终。

15. _____是指非营利组织为满足市场的需求，同时提供多种准公共物品或服务的经营方式。

**（二）选择题（每题至少有一个答案，多选少选均不能得分）**

1. 非营利组织营销的核心包括（　　）。
   A. 产品　　　　　　　　B. 价格

C. 推广 D. 渠道

2. 非营利组织的产品质量更多地体现在（　　）中。

A. 服务 B. 价格

C. 推广 D. 渠道

3. 非营利组织营销具有与营利组织营销显著不同的特征，主要包括（　　）。

A. 目标的多重性 B. 服务的广泛性

C. 营销的社会化 D. 营销的伦理性

4. 与针对服务对象和捐助对象的外部营销相比，非营利组织的内部营销强调（　　）。

A. 不同点性 B. 慈善性

C. 志愿性 D. 公益性

5. （　　）是组织存在和发展的根本理由，每一个非营利组织的成立都是由其开始的。

A. 目标 B. 战略

C. 宗旨 D. 策略

6. 非营利组织该如何做好市场环境和组织条件的分析？其主要内容包括（　　）。

A. 分析组织现有计划是否合理

B. 重温组织的宗旨

C. 分析组织面对的环境

D. 分析组织的优势和劣势

7. 分析组织的优势和劣势，就是要通过分析组织当前和今后的各种主要的内部条件，把握组织存在和发展的优势与劣势，主要内容包括（　　）。

　　A. 明确组织的目标　　　B. 政策

　　C. 明晰定义组织的资源　D. 制度

### （三）名词解释

1. 非营利组织营销
2. 非营利组织的"4P"核心
3. 非营利组织的内部营销
4. 非营利组织的多元化经营

### （四）简答题

1. 简要概述非营利组织营销的特征。
2. 简要概述非营利组织营销理念如何优化。
3. 简要概述非营利组织营销的发展趋势。

### （五）论述题

1. 如何理解非营利组织营销和营利组织营销的不同点？
2. 如何做好非营利组织营销的内外部环境分析？
3. 非营利组织营销组合包括哪些策略？

# 第十章

# 非营利组织的评估

# 一、本章知识结构

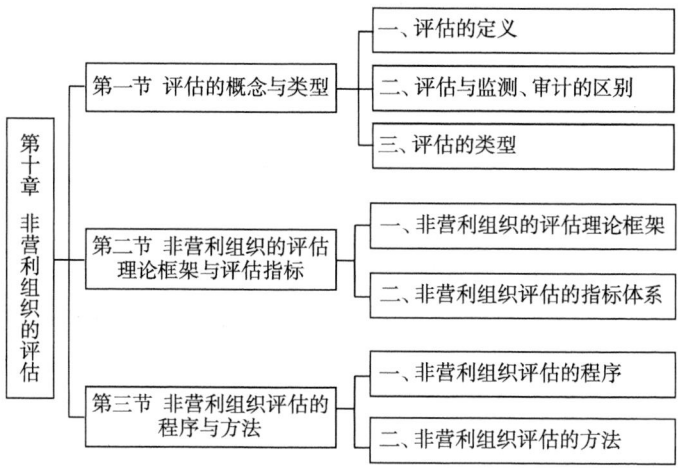

# 二、基本概念

1. 评估：是指对评估客体的价值进行判断和评价，或者对社会干预的效果进行考察和研究。

2. 监测：是指收集信息数据，了解工作是否按原计划进行，即检查工作是否按原计划投入资源、开展活动、产出成果的过程。

3. 审计：是一种审查或复核，即对条件、过程或工作完成情况与预定的标准或规范的差距做出评判。

4. "APC"评估理论：是我国学者构建的关于非营利组织问责、绩效和组织能力的全方位评估理论。

5. 指标：是指反映总体现象的特定概念和具体数值。

6. 指标体系：是指根据研究的目的和需要，将有内在联系的、有代表性的重要指标科学地、有机地组合成指标群。

7. 逻辑框架法：即根据事物的因果逻辑关系，用一张简单的框图（4×4矩阵）来清晰地分析一个复杂项目的内涵和关系。

8. 对比法：是通过比较发现差异与成效的方法。

9. 快速农村评估法：是指建立在人类学、社会学非量化资料的技术基础上的一种快速而不断学习的评估方法。

10. 参与式评估法：是指项目管理人员和受益者共同组成评估小组，通过对项目管理的系统评估，调整、重新制定项目的目标或方案，重新进行组织机构安排或资源调配的一种方式。

# 三、重点与难点问题解析

## （一）评估与监测的区别是什么？

评估是指对评估客体的价值进行判断和评价，或者对社会干预的效果进行考察和研究。监测是一种持续性的职能,它是指收集信息数据,了解工作是否按原计划进行,即检查工作是否按原计划投入资源、开展活动、产出成果的过程。

评估与监测的主要区别在于:

第一,评估是一定时限内的工作,而监测是连续性的职能,它贯穿于计划、项目或政策过程的始终。

第二,评估是根据具体情况,有选择地进行。也就是说,并不是每一个项目、计划或政策都需要进行评估,而监测活动原则上需要对所有项目、计划或政策都执行。

第三,监测是针对单个项目进行,而评估可以针对一个或几个项目、计划或政策进行,如行业评估。

第四,监测只需要记录实际的数据,用于与计划数据对比,而评估不仅可以利用监测数据,通常也需要进行一些项目、计划或政策以外的数据对比。例如,与行业标准规范对比,或与同类同规模的项目、计划或政策的数据对比。

第五,监测通常通过定期的报告、报表、考察等方式,向项目、计划或政策的执行人员了解投入、活动和产出情况,而评估主要通过阶段性的座谈、考察或问卷调查等方式向服务对象了解工作的效果、效率、影响和持续性。

## (二)评估与审计的区别是什么?

审计是一种审查或复核,即对条件、过程或工作完成情况与预定的标准或规范的差距做出评判。它包括对公共部门（即政府部门或非政府部门）财务与符合性审计、管理与经营审计和效果的审计。审计在定位和目标上都不同于评估。审计的重点是判断与现有的规划和规定是否相符，而不是要建立与计划、项目或政策的相关性，确定可能产生的影响或结果的可持续性。而评估的重点在于判断计划、项目或政策的相关性及效果、效率、影响和可持续性。

审计是以法律和有关规定为准绳，其侧重点是财务方面的审计。它的目的在于确认公共部门的管理人员是否遵守各种法律、规定、合同，是否履行了其职责；了解公共部门是否经济、有效地使用了资源，达到向公众提供服务的目的。

另外，审计的目的不在于通过审计总结计划、项目、政策实施的经验，而评估的目的之一在于通过评估进行学习，获取知识与经验。因此，有专家认为评估减去学习等于审计。

### （三）如何判别指标权数的重要性？

指标权数的重要性通常可以通过以下方法进行判别：第一，指标包含的信息量。一般来说，包含信息量越多的指标越重要，权数值相对越大，反之越小。第二，指标的敏感性。敏感性是指指标值的变化反映事物变动或差异的程度。敏感度越高的指标，其重要性和权数值也越大，而敏感度越低的指标，其重要性和权数值也越小。第三，指标的独立性。如果一个指标的作用可以完全被其他指标所取代，那么这一指标就失去了存在的价值，因此可以将这一指标从指标体系中剔除。如果某一指标的存在会导致评估信息量的明显增加，那么这一指标的权数值就增大，反之则减小。

### （四）为什么说"APC"评估理论是一套理想的、全面的、综合性的评估框架，在实操中要注意什么？

我国学者构建了关于非营利组织问责、绩效和组织能力的全方位评估理论，简称"APC"评估理论。

非营利组织的问责、绩效和组织能力是密切相关、相互作用的。问责性评估是保证非营利组织公信度的制度安排，它有助于保证非营利组织做正确的事情，有助于提升非营利组织的责任、声望与合法性，而组织的声望与合法性是非营利组织成功的必要条件之一；绩效评估是保证非营利组织有效使用稀缺资源的制度安排，它有助于保证非营利组织正确地去做事；组织能力评估是保证非营利组织提升组织能力的管理工具，它是非营利组织持续提升组织的问责性与绩效的基础。可见，只进行组织绩效评估，容易导致评估流于形式和评估结果难以发挥作用，组织的能力也没有得到相应的提升。这也是当前我国一些非营利组织虽然暂时取得了良好的绩效但随着项目或活动结束组织也逐渐衰亡的原因。只进行问责性评估，容易出现组织有心无力的情况，或者虽然没有贪污、腐败，但是资源的使用效率不高。只进行能力评估，容易出现组织能力虽然提高了但是组织却没有做正确的事或正确地做事的现象。

总的来说，"APC"评估理论是一套理想的、全面的、综合性的评估框架。然而，在实际操作过程中，评估机构根据被评估机构的类型、评估的需要与评估的目的，既可以对非营利组织问责性、绩效与能力进行综合性评估，也可以将问责性、绩效与组织能力评估分开进行。评估毕竟是需要很高成本的，包括时间成本、人力成本与资金成本，如果对所有非营利组织都开展"APC"评估，势必成本太高。因此，在实际应用中，可以有所选择与侧重。例如：独立评估机构可以只对劝募机构的问责性进行评估，这样可以最大限度地节约评估的成本；捐赠者可以只对非营利组织实施的项目进行绩效评估，这样可以更有针对性；政府在转移职能或购买非营利组织服务前，可以对非营利组织的组织能力进行评估；行业协会可以根据组织能力评估的指标体系对组织自身开展能力评估。在条件许可的情况下，进行综合性的"APC"评估当然更为全面。

## （五）如何理解逻辑框架法的垂直与水平逻辑关系？

逻辑框架法的四个层次之间形成了一种自下而上的垂直逻辑关系，即：一个项目的资金、人力、物力等资源投入在哪些条件下将有怎样的产出；有了这一产出，在哪些条件下可以达到项目的微观目标；达到项目的微观目标后在哪些条件下可以达到宏观目标。垂直逻辑关系表明了各层次之间的关系，而每个层次的目标水平方向是由验证指标、验证方法和重要的假定条件所构成的，从而形成了水平逻辑关系。

### （六）参与式评估法与快速农村评估法的比较。

快速农村评估法主要是通过决策者来收集信息，或为决策者收集信息，它的缺点在于这种形式的评估很难促使受益者或目标群体采取主动的行为。与快速农村评估法相比，参与式评估法更强调参与过程本身，通过参与评估过程促使不同的利益群体进行评估并采取行动，而不是仅由非营利组织单独采取行动。也就是说，参与式评估通过受益者或目标群体的参与进行评估，并通过评估中的学习和信息反馈影响项目未来的结果或后续项目的结果。一般而言，参与式评估能够较好地避免为评估而评估的做法，从而取得预期的评估效果。

## 四、自测题

### （一）填空题

1. 评估是一定时限内的工作，而监测是_____的职能。

2. 有专家认为评估减去_____等于审计。

3. 根据评估者的_____，可以分为累计性评估和形成性评估。

4. 前评估是指项目、计划或政策_____所进行的评估。

5. 我国学者构建了非营利组织问责、绩效和组织能力的全方位评估理论，简称_____评估理论。

6. 根据指标的_____不同，可分为主观指标和客观指标。

7. 为了评估的科学性，往往需要对不同的指标赋予不同的_____。

8. 一般来说，包含信息量越多的指标越重要，权数值相对也_____。

9. 逻辑框架法把目标的因果关系划分为四个层次，四个层次之间又形成了自上而下的垂直逻辑关系和各层次内部的_____。

10. 水平逻辑关系的重要的假定条件主要是指可能对项目的进展或成果产生影响而项目管理者又无法控制的_____。

11. 如果说逻辑框架法是评估中定性分析的方法，那么对比法则是评估中_____的方法。

12. 对比法主要有前后对比法、有无对比法和_____。

13. 快速农村评估法建立在人类学、社会学_____资料的技术基础上。

14. 三角信息即利用_____来收集同一种信息。

15. 参与式评估法采用_____参与的方式进一步发展快速农村评估法。

## （二）选择题（每题至少有一个答案，多选少选均不能得分）

1. 审计包括对公共部门（　　）。
   A. 腐败的审计　　　　B. 财务与符合性审计
   C. 管理与经营审计　　D. 效果的审计

2. 根据评估相对于项目的时间，可分为（　　）。
   A. 前评估　　　　　　B. 过程评估
   C. 中评估　　　　　　D. 后评估

3. 当前的非营利组织评估理论主要有（　　）。
   A. "3E"理论　　　　　B. "3D"理论
   C. 顾客满意度理论　　D. "APC"评估理论

4. 当前我国非营利组织面临的主要问题是（　　）。
   A. 公信度不足　　　　B. 治理结构不完善
   C. 组织能力弱小　　　D. 效率低下

5. 根据指标的范围不同，可分为（　　）。
   A. 总体性指标　　　　B. 部门性指标
   C. 基层性指标　　　　D. 专题性指标

6. 指标权数的确定方法包括（　　）。
   A. 指标比较法　　　　B. 德尔斐法
   C. 层次分析法　　　　D. 主成分分析法

7. 非营利组织问责性的评估指标体系包括（　　）。

　　A. 是否有健全的理事会

　　B. 组织的相关信息是否透明

　　C. 组织活动是否与组织的宗旨一致

　　D. 资金的使用与运作是否规范

　　E. 劝募的信息是否真实

8. 逻辑框架的四个层次即（　　）。

　　A. 投入　　　　　　　　B. 产出

　　C. 微观目标　　　　　　D. 宏观目标

9. 快速农村评估法的主要做法是（　　）。

　　A. 采用多学科小组　　　B. 三角信息

　　C. 避免主观偏见　　　　D. 直接面向受益群体

10. 与快速农村评估法相比，参与式评估法更强调（　　）。

　　A. 决策者对信息的收集

　　B. 为决策者收集信息

　　C. 自上而下

　　D. 参与过程本身

## （三）名词解释

1. 评估
2. 指标
3. 指标体系
4. 逻辑框架法

## （四）简答题

1. 简述评估与监测的主要区别。
2. 简述评估与审计的区别。
3. 简述评估指标体系的作用。
4. 简述建立评估指标体系的原则。
5. 简述参与式评估与快速农村评估法的比较。

## （五）论述题

1. 为什么说"APC"评估理论是一套理想的、全面的、综合性评估框架？
2. 论述非营利组织评估的程序。
3. 分析前后对比法、有无对比法、综合对比法的优劣。

# 参考答案

## 第一章 非营利组织概述

### (一)填空题

1. 企业
2. 目的
3. 非政府性　自治性
4. 中立
5. 赞助型　商业型
6. 市场经济
7. 国防、外交、维持社会治安
8. 福利国家政策
9. 政府部门　公民社会
10. 良性互动

### (二)选择题

| | | | |
|---|---|---|---|
|1. B|2. ABC|3. C|4. AC|
|5. AD|6. ABC|7. A|8. CD|
|9. BCD|10. D| | |

### (三)名词解释

1. 非营利组织：是指组织的设立和经营不以营利为目的，且净盈余不得分配，由志愿人员组成，通过志愿行为向社会提供公益性服务，实行自我管理的、独立的、公共或民间性质的组织团体。

2. 非营利组织非政府性：也称为民间性，是指非营利组织不是政府的附属机构，组织的决策和行为不受政府机构的控制，即体制上独立于政府，既不是政府的一部分，也不受制于政府。

3. 非营利组织自治性：即自主治理，也就是说非营利组织按照内部的规章制度控制自己的行为，实施自我管理，不受其他类型组织的干预。

4. 互动：指的是社会上个人与个人、群体与群体之间通过语言或其他手段传播信息而发生的相互依赖性行为的过程。

（四）简答题

1.（1）正规性，即组织性，一般是指国家法律许可、注册登记的社团法人或财团法人。经过注册登记后，该机构就获取了合法的地位，对外交往以法人的身份展开活动。（2）非营利性，这是非营利组织的首要特征，是它们区别于企业的根本属性。（3）非政府性，也称为民间性，是指非营利组织不是政府的附属机构，组织的决策和行为不受政府机构的控制，这是非营利组织区别于政府的根本属性。（4）自治性，即自主治理，也就是说非营利组织按照内部的规章制度控制自己的行为，实施自我管理，不受其他类型组织的干预。（5）志愿性，即人们参加非营利组织都是自愿的，甚至有一些人参加非营利组织的活动是不求回报的，这是非营利组织最具特色的一个属性。（6）非政治性，即非营利组织在政治上采取中立立场，既不与政党结盟，也不卷入推举公职人员的党派斗争。

2. 非营利组织所具有的特性，决定了非营利组织是公共管理主体必要的组成部分，在现代社会中发挥着越来越重要的作用，具体表现为：（1）非营利组织能较好地满足社会多元化的需求；（2）非营利组织能提高公共物品的供给效率；（3）非营利组织是社会的教育者和价值的维护者；（4）非营利组织是社会革新的先驱者和倡导者。

3. 目前比较符合我国国情的分类标准是大体参照我国现行法律法规体系而进行的分类，具体分为：（1）社团法人。我国目前的社团主要包括社会团体、经济团体和政治团体。（2）民办非企业单位。在我国主要指各种民办的医院、学校、剧团、养老院、研究所、图书馆、美术馆、宗教组织、其他社会服务和福利机构等。（3）基金会。这里的基金会是指利用自然人、法人或者其他组织捐赠的财产，以从事公益事业为目的，按照条例规定成立的非营利性法人。

（五）论述题

1. 非营利组织是政府的重要补充和支持者，在经济、社会发展中占有非常重要的地位，发挥了重要的作用。非营利组织的发展状况对政府治理具有重要的支持和制约作用。非营利组织的发展很大程度上依赖于政府的支持和信任。为了赢得政府的支持和信赖，非营利组织必须做到：（1）努力培养奉献精神；（2）处理好与政府的合作关系；（3）保持相对独立性；（4）提高公信力。

另一方面，政府对促进非营利组织的发展和服务提供也具有相当大的影响力，主要表现为：（1）制定有关非营利组织管理的法律法规，包括设定非营利组织登记条件、法律形式及程序，确立有关非营利组织税收的制度，限制非营利组织个人经济收益及组织支出，限定非营利组织的商业活动。（2）对非营利组织活动进行监管，在外部监管方面，政府要依法对非营利组织进行资格审定认定，包括法人资格审查和免税资格审查。不仅如此，政府还要对非营利组织的运行进行监控，即对非营利组织进行年度检查和业务活动管理。（3）对非营利组织活动进行合理引导，其途径主要有政府在某些领域通过制订宏观发展计划、重点规划等来引导非营利组织的活动，政府对非营利组织给予财政上的支持。

2. 从领域分布来看，非营利组织的活动较为集中和活跃在以下几个行业：

（1）慈善救助。慈善救助是非营利组织最古老、最典型也最具有社会影响力的活动领域。

（2）环境保护。环境保护是当今非营利组织非常集中和活跃的领域之一，指的是环境、生态与资源的保护。

（3）公益服务。公益服务指的是面向各种受益人群直接提供的具有公益性质的社会服务。较为集中的领域包括面向残障人、智障人、孤独症患者等群体的特殊教育，面向艾滋病患者及易感人群的艾滋病防治，面向老人的养老服务，以及城乡社区开展的与各级政府推行的各类公共政策相对应的各种公共服务等。

（4）扶贫发展。扶贫发展主要是指救助贫困与促进发展。在我国，扶贫发展领域的非营利组织主要包括三类：一是具有政府背景的全国性扶贫支持组织；二是具有国际背景的发展型支持组织；三是具有本土草根特色的基层发展型社区组织。

（5）权益保护。这里的权益保护更多的是指对弱势群体的权益保护，处于社会发展边缘地带的人群，妇女、儿童、各种身体及智力残疾患者等均属于弱势群体。保护弱势群体的权益并帮助他们努力在社会中生存和发展，是许多非营利组织积极致力的事业。

（6）社区发展。社区层面的非营利组织主要致力于社区内部的社会事务，其中既有公益性很强的如社区教育等非营利组织，又有大量趣味性、自助性或自娱自乐的社区联谊组织。城市社区非营利组织的蓬勃兴起，不仅丰富了社区生活，而且对于缓解社会矛盾、构建和谐社会也有着积极的意义。

（7）行业协会。行业协会是活跃在市场经济活动中的非营利组织，各种形式的行业协会在反映行业需求、推动行业自律、促进维护公平竞争和市场秩序、维护会员合法权益、促进会员与政府的联系等方面，发挥着不可替代的作用。

## 第二章　非营利组织的理论基础

（一）填空题

1. 戈登·怀特　　　2. 公民社会理论
3. 集体主义文化　　4. "搭便车"

5. 帕累托最优状态　　6. 外部效应

7. 伯顿·韦斯布罗德　　8. 契约失灵理论

9. "自愿"　"公益"　10. 80

11. 道格拉斯·诺斯　R. 科斯

12. 制度　　　　　　　13. 路径依赖

14. 埃莉诺·奥斯特罗姆

15. 自适应的策略理性人

**（二）选择题**

1. ABC　　2. ABCDE　3. ABCD　4. ABCD

5. ABC　　6. ABCD　　7. ABCD　　8. AB

9. ABCD　10. ABCD

**（三）名词解释**

1. 公民社会：是指介于国家和家庭或个人之间的一个社会相互作用的领域及与之相关的价值和原则。

2. 治理：是各种公共或者私人的个人和机构管理其共同事务的众多方式的总和。它是一个持续的过程，通过这个过程，相互冲突的或不同的利益得到协调并且联合起来共同采取行动。

3. 制度：是指人们承认、接受和愿意遵守的一套合法的规范和行为。

4. 路径依赖：是指制度演进中存在着一种自我强化的机制，这种机制使制度的演进一旦走上某一条路径，就会在以后的发展中自我强化。

**(四) 简答题**

1. 善治的基本要素有六个：

(1) 合法性。合法性是指社会秩序和权威被自觉认同和服从的性质与状态，合法性越大，善治的程度便越高。

(2) 透明性。善治要求政治信息的公开，一个社会政治信息的透明度越高，这个社会善治的程度就越高。

(3) 法治。法律是公共管理的最高准则，任何政府官员和公民都必须依法行事，在法律面前人人平等。法治是善治的基本要求，没有健全的法制，没有对法律的充分尊重，没有建立在法律上的社会程序，就不会有善治的出现。

(4) 责任性。责任性是指人们应当对自己的行为负责，公众尤其是政府公务人员和管理机构的责任越大，善治实现的可能性就越大。

(5) 回应。公共管理人员和管理机构必须对公民的要求做出及时和负责的反应，不得无故拖延。回应速度越快，善治的程度就越高。

(6) 有效。有效主要是指管理的效率，一方面是指管理机构的设置科学、管理程序科学，另一方面是指要最大限度地降低管理成本。善治与无效或者低效的管理活动格格不入，善治程度越高，管理的有效性就越高。

2. 这主要体现在以下几个方面：

(1) 政府难以满足每一个公民对公共物品的需求；

(2) 政府在提供公共物品方面存在浪费和低效率问题；

(3) 政府行为的失范。

3. 奥斯特罗姆认为实现自主治理有八项具体的原则，分别是：

（1）分享资源单位的个人或家庭之边界界定清晰；（2）使用、供给与当地具体情况相适应；（3）集体选择安排；（4）有效监督；（5）违反规则的分级制裁；（6）低成本的冲突协调机制；（7）对组织权的认可；（8）分权制组织。

**（五）论述题**

1. 主要表现在以下几个方面：

（1）慈善不足。非营利组织活动所需要的开支与所能筹集到的资源之间存在巨大的缺口。就获取资源的方式而言，政府的特征是"强制"，营利组织的特征是"自愿"和"互利"，而非营利组织的特征是"自愿"和"公益"。非营利组织用来"生产"公共物品的资源有三个来源：社会捐赠、政府资助和收费。通常志愿捐款只占非营利组织开支的很小一部分。服务性收费是一个很敏感的问题，收费过高将很容易导致公民反感，从而受到抵制，而且这不符合非营利组织的初衷，一般来说，非营利组织不会将其作为主要资源来源。因此，无论是过去还是现在，政府补贴一直是非营利组织的主要资金来源，在其预算开支中占主要地位，并且还处于上升趋势。但由于新公共管理运动和政府重塑运动，政府越来越没有能力也没有意愿过多地支持非营利组织。

（2）非营利组织往往存在家长作风，实际掌握经济资源的人对如何使用资源有较大的发言权，他们所做的决定往往既不征求多数人的意见，也不必对公众负责和接受监督。

（3）非营利组织的业余性。非营利组织强调的是志愿性，义工服务常常由有爱心的志愿人士提供，这不可避免地影响了组织绩效和服务产品质量。同时，由于非营利组织不能提供有吸引力的工资待遇，因此很难吸引专业人员加盟，这也影响了非营利组织功效的发挥。

（4）非营利组织对象的局限性。正如前面所提到的，作为政府失灵的一种补充，非营利组织活动的对象往往只是某些特定的社会群体，如特定的种族、特定的宗教、特定区域的居民、特定的性别和年龄。由于不同非营利组织的筹集资金、组织动员能力不同，不同群体受到的服务也会不同。以慈善活动为例，如果每个群体都要建立自己的慈善机构，那么很多机构提供的服务将很难产生规模效应，或者成本很高、效率很低。

2. 治理作为一种政治管理过程，也像政府统治一样需要权威和权力，最终目的也是维持正常的社会秩序，这是二者的共同之处。二者的本质区别体现为以下三点。

首先，权威的性质和基础不同。治理虽然需要权威，但这个权威并非一定来自政府机关，也可以是来自其他组织的权威，而统治的权威则必定是也只能是政府。

其次，二者的主体不同。统治的主体一定是社会的公共机构，而治理的主体既可以是公共机构，也可以是私人机构，还可以是公共机构和私人机构的合作。治理是政治国家与公民社会的合作、政府与非政府的合作、公共机构与私人机构的合作、强制与自愿的合作。

最后，管理过程中权力运行的向度不一样。政府统治的权力运行方向总是自上而下的，它运用政府的政治权威，通过发号施令、制定政策和实施政策，对社会公共事务实行单一向度的管理。与此不同，治理则是一个上下互动的管理过程，它主要通过合作、协商、伙伴关系、确立认同和共同的目标等方式实施对公共事务的管理。治理的实质在于建立在市场原则、公共利益和认同之上的合作。它所拥有的管理机制依靠的主要不是政府权威，而是合作网络的权威，其权力向度是多元的、相互的，而不是单一的和自上而下的。

## 第三章　国（境）外的非营利组织

（一）填空题

1. 20 世纪 80 年代　　2. 禁止结社条例
3. 倡议类非营利组织　　4. 专门性组织
5. 环境 NGO 论坛　　6. 公益性
7. 安第斯互惠组织　　8. 《民法典》
9. 非营利组织　　10. 国际禁止地雷运动

（二）选择题

1. B　　2. A　　3. ABC　　4. C
5. ABCD　　6. BCD　　7. ABCD

(三) 名词解释

1. 乐施会：指的是国际发展及救援的非政府组织，原名 Oxford Committee for Famine Relief，组成目的是在二战时期运送粮食到被同盟国封锁的德国纳粹党占领的希腊。1963 年，在加拿大成立了第一家海外分会。1965 年起改用电报地址 Oxfam 作为名称。这一组织后来发展成为世界最大的国际非营利组织网络。

2. 大赦国际：指的是保护人犯人权的国际性民间组织，致力于争取思想犯的获释、政治犯的公平审判，以及死刑、刑讯逼供的废止等。

3. 国际红十字会：是一个独立、中立的组织，其使命是为战争和武装暴力的受害者提供人道保护和援助，总部位于瑞士日内瓦，在大约 80 个国家（地区）设有办事机构，是国际红十字与红新月运动以及国际人道法特别是《日内瓦公约》的发起者。

4. 主管官厅负责制：是日本在 1998 年之前长期采取限制非营利组织发展政策而制定的，规定非营利组织登记注册必须获得主管官厅的许可。

5. 第三部门：非营利组织在香港又称民间组织、非政府机构，这些组织（机构）独立于政府和市场而存在，因此也称作"第三部门"。

6. 国际非政府组织：有着国际目标、至少在三个国家从事活动的组织。这样的组织至少有来自三个国家的个人或集体参与，其特征包括：有投票权；有永久总部和维持持续行动的储备和补给；有相当的预算，这些预算至少来自三个国家的公民、基金会和政府的捐赠。

7. 联合国咨商地位：是指具备出席和参加联合国下属机构会议的条件。

**（四）简答题**

1. 1990 年冷战结束后，国际社会出现一个重大变化：国际非营利组织迅猛发展。这种发展不仅表现为国际非营利组织的数量增多，更表现为其对世界政治、经济、安全等领域的影响增强。

（1）冷战结束后，国际上非营利组织获得了快速发展，国际非营利组织的数量激增，其规模与活动范围不断扩大。

（2）同时，国际非营利组织在联合国活动中的地位有所上升。

（3）在学术界，国际非营利组织也日益受到国内外学者的关注。

2. （1）企业慈善机构。这类机构通常是主要由大型商业集团或银行提供活动资金的非营利组织，其活动目的带有纯慈善性。

（2）私人基金会。俄罗斯这类外国基金会数目众多。

（3）中介组织。这些机构包括俄罗斯境内专门从事慈善活动的国内外非营利组织。

（4）社区组织。近年俄罗斯一些地区出现了由当地民众自发组织的社区组织，其活动宗旨是解决地区存在的社会经济问题和促进地区发展。

3. 经社理事会确认的非营利组织的三类地位分别为：

(1) 全面咨商地位的国际非营利组织。

全面咨商地位一般授予庞大的国际非营利组织，其工作领域涵盖经社理事会议程上的大多数问题。这类组织包括国际红十字会、联合国协会和国际商工联盟等。

(2) 专门咨商地位的国际非营利组织。

专门咨商地位授予在经社理事会活动的一些领域中具有专门能力的非营利组织。这类组织包括大赦国际、基督教青年会等。

(3) 注册地位的国际非营利组织。

注册地位一般是给那些在其专门领域内有能力对联合国的工作做出贡献，并且在应请求时可以提供咨商的非营利组织。其中有中国的全国残疾人联合会、亚洲太平洋青年联盟等。

4. 具有全面咨商地位和专门咨商地位的组织可以指派授权代表以观察员身份列席理事会及其附属机构的公开会议。列入名册的非营利组织也可派代表出席与其主管领域内的事项有关的各种会议。具有全面咨商地位和专门咨商地位的组织可提出书面简要说明，并作为联合国文件印发，分发理事会或附属机构各成员。列入名册的组织也可应邀提出书面说明。第1996/31号决议规定具有全面咨商地位和专门咨商地位的组织在理事会某些会议期间做出口头陈述。在经社理事会内具有咨商地位的非营利组织必须每4年提出一次活动报告。

5. 德国的非营利组织不仅范围广而且类型很多,可分为公益性和互益性两大类。

(1) 公益性组织涵盖了医疗、环保、教育、体育、文化等领域,是德国社会福利服务事业的重要支柱。德国公益性组织的主体是社会福利服务,主要类型是社会服务、卫生保健和教育事业。在德国各种类型的非营利组织中,社会福利服务组织的就业份额是最大的,占德国所有非营利组织就业人数的4/5,其中教育领域占整个德国非营利组织就业人数的近12%。

(2) 互益性组织以行业协会和商会最为突出,这类组织在经济协调和宏观管理等方面发挥了不可替代的作用。

**(五) 论述题**

1. 根据霍普金斯大学非政府组织研究中心对24个国家非营利组织的研究,1980—1990年,非营利组织在被研究的国家中已经大量地带动了就业。在所有24个被研究的样本中,非营利组织部门的就业已经占到全部就业总量的5.1%,另外还有1004万名志愿者,两者相加占就业总量的7.1%;仅在20世纪90年代,注册的非营利组织就从10292个增加到13206个,增长了1/3,其成员也在同期从15.5万人增加到26.3万人。由此可见,非营利组织在这些国家的经济发展和社会进步上发挥着举足轻重的作用。

这些主要国家(地区)的非营利组织都存在着以下几个共同特点:

(1) 非营利组织日益成为一支重要的经济力量,发挥着越来越大的作用；

（2）各个国家（地区）之间的发展规模和发展领域均存在较大的差异；

（3）这些国家（地区）的非营利组织呈现出以福利服务占主导的特点；

（4）非营利组织已经成为国家（地区）重要的就业渠道；

（5）非营利组织的多数收入主要来自服务收费、政府资助、慈善所得等。

2.（1）西方国际非营利组织对中亚、非洲地区受援国的社会稳定带来消极影响；

（2）国际非营利组织内部的营私欺骗行为加剧了腐败的产生；

（3）国际非营利组织在执行援助计划时举措失当，对当地民众的利益造成损害。

国际非营利组织在冷战后时代的确取得了很大发展，但不能无限夸大，认为它们已从国际政治的边缘地位进入中心位置，也不能认为国际非营利组织的兴起完全有益于国际社会，我们必须对国际非营利组织有一个清醒的认识。既要认识到国际非营利组织的有限性及功能的两面性，也要认识到它是全球化的产物，是一种新生的国际事物，体现的是开放平等思想和对话合作的全球化时代特征。

## 第四章　中国的非营利组织

**（一）填空题**

1. 《社会团体登记暂行办法》
2. 非营利组织　　3. 业务主管单位
4. 准公共物品（俱乐部产品）
5. 变更　　6. 登记管理机关
7. 3%　　8. 30%
9. 分级管理　　10. 非竞争性

**（二）选择题**

1. BC　　2. ABC　　3. BCD　　4. ABCD
5. BCD　　6. ACD　　7. ABCD　　8. ACD
9. C　　10. B　　11. ABC

**（三）名词解释**

1. 双重管理体制：是指对非营利组织的登记注册与业务管理实行登记管理机关和业务主管单位双重审核、双重负责、双重监管的体制。

2. 分级管理原则：就是按照非营利组织开展活动的范围和级别，对其实行分级登记、分级管理。

3. 非竞争性原则：是指为了避免非营利组织之间开展竞争，禁止在同一行政区域内设立业务范围相同或者相似的非营利组织。

**（四）简答题**

1. 所谓双重管理体制，是指对非营利组织的登记注册与业务管理实行登记管理机关和业务主管单位双重审核、双重负责、双重监管的体制。

2. 所谓分级管理原则，就是按照非营利组织开展活动的范围和级别，对其实行分级登记、分级管理。全国性的社会团体，由国务院的登记管理机关负责登记管理；地方性的社会团体，由所在地县级以上地方人民政府的登记管理机关负责登记管理；跨行政区域的社会团体，由所跨行政区域的共同上一级人民政府的登记管理机关负责登记管理；城乡社区服务类社会团体，由所在地县级人民政府的登记管理机关负责登记管理。

3. 在我国，非营利组织的作用集中体现在以下几个方面：①有助于建立有序的市场经济体制；②有助于促进社会管理体制创新；③有助于促进政府职能转变；④有助于促进社会成员协商合作意识的培养；⑤有助于促进社会就业；⑥有助于拓展国际交流。

（五）论述题

1. 问题：①有关非营利组织的法律法规尚未健全；②管理体制不顺畅；③非营利组织缺乏独立性；④非营利组织的资源匮乏；⑤非营利组织的监督机制不完善，公信力不足。

2. 对策主要有：①完善非营利组织立法，提高非营利组织管理的法制化水平；②简化非营利组织的登记管理程序；③完善非营利组织的社会监督机制；④调整税收制度，拓宽非营利组织的筹资渠道；⑤非营利组织的自身发展与完善。

（以上各要点需要展开论述）

## 第五章　非营利组织的战略管理

### （一）填空题
1. 组织宗旨　　2. 优化配置
3. 愿景　　　　4. 组织分析
5. SO 战略（优势—机会战略）
6. 战略实施　　7. 战略规划书
8. 战略实施　　9. 利益相关者管理
10. 适度合理性原则

### （二）选择题
1. ACD　　2. ABCD　　3. ABC　　4. ABCD
5. ABC　　6. D　　　　7. BCD　　8. ACD
9. ABCD　 10. CD

### （三）名词解释
1. 战略规划：是指制订有关组织中长期的规划，它包括明确的组织使命、可达到的目标、实施的战略和相关的政策指南等。

2. 愿景：指组织当前及未来所要达到的基本公共目标和根本方向，是非营利组织的灵魂。

3. 组织分析：又称组织诊断或评估，是指把组织视为一个动态的有机整体，对组织整体及其各组成部门的目标、资源、能力、组织结构和政策等进行系统分析。

4. SWOT 分析法：亦称"自我诊断方法"，是指通过了解自己组织的优势与劣势，掌握外部机会、规避威胁，制定良好战略的方法。

5. 战略评价：是指依据一定的标准和程序，对战略实施的效益、效率、效果及价值进行判断的一种行为，目的在于获得相关信息，作为决定战略变革、战略改进和制定新战略的依据。

（四）简答题

1. 战略管理的特征包括：

（1）未来导向性；

（2）全局性；

（3）系统性；

（4）稳定性；

（5）适应性；

（6）层次性。

2. 非营利组织战略管理的特点包括：

非营利组织自身的特点，决定了非营利组织战略管理的特殊性。

（1）战略目标具有公益性。

战略目标的公益性是指非营利组织以最大限度地满足社会各种群体利益和公共利益的需要为目的。

（2）战略管理受环境条件约束。

非营利组织战略管理受环境约束主要指非营利组织在资金、法律规制方面受到一定的约束。

（3）战略具有公开性和透明性。

作为公共组织的一种，非营利组织具有明显的公共性特征。非营利组织在制定战略时，战略管理者必须向所有者征询意见，并依据公众愿望和要求来提供服务，这也使非营利组织的战略具有公开、透明的特点。

3. 非营利组织战略管理的意义主要体现在以下几方面：

（1）有助于明确非营利组织发展的方向和目标；

（2）有助于为非营利组织抓住机遇创造良好条件；

（3）有助于促进非营利组织决策的科学化；

（4）有助于加强非营利组织管理活动的规范性，提高组织工作成效；

（5）有助于优化非营利组织的资源配置；

（6）有助于调动组织成员的积极性和创造性。

4. 战略实施过程中的资源管理需要注意三个问题：

（1）根据战略议题的优先顺序来配置资源；

（2）对内部资源进行再分配，对那些于组织战略没有直接或重大影响的活动可在原有基础上减少资源的供应，并重新制定预算；

（3）如果某些资源要素匮乏但对战略实现是关键性的，可以请求那些拥护组织战略的重要利益相关者为组织筹募资源，或从其他次要项目中再争取一部分资源，从而使组织的战略变得可行。

（五）论述题

战略分析的内容主要包括：

非营利组织在确定组织的宗旨和目标、决定要对组织实施战略管理之后，要对组织进行战略分析。战略分析即通过资料的收集和整理分析组织的内外部环境，包括组织分析和环境分析两个部分。

1. 组织分析。组织分析又称组织诊断或评估，是指把组织视为一个动态的有机整体，对组织整体及其各组成部门的目标、资源、能力、组织结构和政策等进行系统分析。组织分析的具体内容包括：

（1）组织资源分析；

（2）管理与组织能力分析；

（3）组织结构分析；

（4）组织政策分析。

2. 环境分析。环境分析又称趋势分析，是对组织所处的外部环境进行的动态分析，意在把握各种主要外部因素的变化趋势，使组织能够顺应环境的变化并经常处于有利的地位以实现组织目标。环境分析的具体内容包括：

（1）政治法律环境；

（2）经济环境；

（3）社会文化环境；

（4）技术环境；

（5）竞争环境；

（6）利益相关者。

（以上各要点需要展开论述）

## 第六章 非营利组织的财务管理

### （一）填空题

1. 非营利组织的收入管理
2. 标准
3. 配比原则
4. 弹性预算法
5. 财务监督
6. 事前监督
7. 事中监督
8. 全面监督
9. 预测
10. 财务报表

### （二）选择题

1. ABCD  2. ABC  3. ABCD  4. ABCD
5. ABCD  6. ABCD  7. CD    8. ABCD

### （三）名词解释

1. 非营利组织财务管理：是指对非营利组织有关资金的筹集、分配、使用等财务活动所进行的计划、组织、协调、控制等工作的总称。

2. 非营利组织的财务监督：是指根据国家有关方针、政策和财务制度的规定，对非营利组织的财务活动和其他有关的经济活动所进行的监察与维护。

3. 非营利组织的收入：是指非营利组织为了开展业务活动，依法取得的非偿还性资金。

### （四）简答题

1. 非营利组织财务管理的内容具体包括：

（1）预算管理，主要是通过单位预算的编制、审批和执行，对非营利组织的各项财务收支计划所进行的管理。

（2）收入管理，主要是对非营利组织的收入项目、范围、标准和收益分配等所进行的管理。

（3）支出管理，主要是对非营利组织的支出项目、范围、标准等所进行的管理。

（4）定员定额管理，主要是通过非营利组织的人员编制和支出定额的制定、执行和检查，对其人员配置、支出的分配和使用所进行的管理。

（5）结余及其分配管理，主要是对非营利组织的收支结余及其分配和使用所进行的管理。

（6）专用基金管理，主要是对专用基金的提取和使用所进行的管理。

（7）资产管理，主要是对非营利组织的各种资产、债权及其他有形和无形的财产权利所进行的管理。

（8）负债管理，主要是对非营利组织的借入款项、应付款项、暂存款项、应缴款项等所进行的管理。

（9）财务分析，主要是通过运用各种有关资料，对一定时期内非营利组织的财务活动所进行的研究、分析和评价。

（10）财务监督，主要是依据政府有关方针、政策和财务制度对非营利组织各项财务活动所进行的检查和督促。

2. 第一，要正确处理主营业务与附营业务的关系。非营利组织的主要任务是开展主营业务，也就是根据本单位专业特点开展专业业务活动。而经营活动则属于附营业务，是为主营业务服务的,目的在于为主营业务的健康发展创造良好的经济条件,因此,非营利组织的人力、物力、财力等资源首先要用于保证开展专业业务活动的需要,不能影响正常事业计划的完成,在这个前提下,合理配置资源以增加本单位的收入。

第二,开展经营收入要履行报批手续,将非经营性资产转作经营性资产,要严格遵守国家规定,按照规定的审批程序办理。

第三,要领取营业执照,按照国家有关规定,非营利组织从事经营活动,由该单位申请登记,经登记主管机关核准,领取营业执照,在核准登记的经营范围内从事经营活动。

第四,经营收入要纳入单位预算管理。

第五,要划清事业收入和经营收入的界限,事业收入和经营收入属于不同性质的收入,要注意划清它们之间的界限,以正确反映非营利组织的业务活动和经营活动的经济成果。

3. 财务分析可采用对比分析法、比率分析法、因素分析法、结构分析法、量本利分析法等多种技术分析方法。

4. 非营利组织财务预算是对非营利组织未来发展的预测。具有四个方面的基本功能:

(1) 为组织将有限的资源合理分配打下基础,便于内部沟通;

(2) 指明了未来筹资需求规模和时限;

(3) 为管理者决策提供依据;

(4) 预算是评估项目绩效的基础。

5. (1) 按监督的时间顺序,财务监督可以划分为事前监督、事中监督和事后监督。

(2) 按照监督的范围和内容划分,财务监督可以分为全面监督和专题监督。

(3) 按照监督的组织方式划分,财务监督可以划分为内部监督和外部监督。

(五) 论述题

1. (1) 规范非营利组织的财务行为;

(2) 从制度上保证公开、透明,预防腐败行为;

(3) 加强收支管理,提高资金使用效率;

(4) 提高公信力,增加收入;

(5) 加强财务分析和财务监督,监督组织运作。

(以上要点均需要展开论述)

2. 制定财务预算对于每一个非营利组织都非常重要,一个非营利组织要制定出好的财务预算,一般来说,需要满足三个基本条件:

第一,组织的状况需要稳定。无论是内部的运作管理、外部的环境变化,还是组织领导层的认识格局,都应该是相对稳定的,否则即使做出预算也用处不大。当情况不太稳定的时候,可以考虑采用弹性预算法。

第二,要有好的会计系统,好的会计系统一要账目清楚,二要专人负责,三要有成本分析的概念,熟悉每个方案包含的经费来源、服务量、服务计量单位等。

第三，预算要纳入计划和决策中，预算必须具有权威性、可行性和可操作性，建议组织的财务主管参加到计划和决策的过程中。编制预算的时候，应对战略规划中重要的策略给予相对优先权，即使因此可能需要删除或减少其他计划的预算，也必须清楚估算其执行成本。

## 第七章　非营利组织的人力资源管理

### （一）填空题

1. 组织和个人　　　　2. 项目型
3. 理事（董事）会　　4. 平衡记分卡
5. 成效　　　　　　　6. 激励志愿者
7. 精神激励　　　　　8. 技巧训练
9. 闭环原则　　　　　10. 制定职务说明

### （二）选择题

1. ABCD　　2. ABCD　　3. ABD　　4. ABCD
5. ABCD　　6. ABCD　　7. ACD　　8. B
9. ABCD　　10. C

### （三）名词解释

1. 非营利组织人力资源管理：是指非营利组织运用现代人力资源管理理论，通过招募、培训、评估、激励等方式，对非营利组织的人力资源进行有效运用，并对所获得的人力资源进行整合、调控及开发，充分发挥人力资源的积极性和创造性，从而更好地实现非营利组织的宗旨和使命。

2. 非营利组织人员配置：指的是非营利组织以科学的测评手段和方法为工具，通过招募、甄选、录用和评估等程序，从组织内外获取合适的人员填补职员空缺，实现组织目标的过程。

3. 绩效考评：是一种正式的员工评估制度，即通过系统的方法、原理来评定和测量员工在职务上的工作行为和工作效果。

4. 非营利组织人力资源培训：是指非营利组织根据自身实际工作的需要，为提高员工的素质和能力而对其实施的培养和训练。

5. 志愿者：是指出于自由意志而非基于个人义务或法律责任，秉承以知识、体能、劳力、经验、技术、时间等贡献社会的宗旨，不以获取报酬为目的，为社会提供各项辅助性服务的人员。

（四）简答题

1. 非营利组织人力资源一般由三种基本人员组成：理事、有酬员工和志愿者。

（1）理事。非营利组织理事一般包括创始人、发起人、专家学者、员工代表、受益人代表、社区居民代表、社会工作者等。理事（董事）会是非营利组织的最高决策机构，其主要职责是为非营利组织制定组织规划、组织政策，履行监督职能等。

（2）有酬员工。有酬员工是指非营利组织内职位较固定并领取薪酬的长期工作人员。有酬员工包括专职员工和兼职员工。在专职员工中,又分为管理者和一般员工,管理者负责执行理事(董事)会制定的规划与政策、管理机构资源、开发服务项目、拓展外界联系、争取社会捐助等。一般员工的主要职责是在管理者的指导下处理日常事务、开展人员培训、对志愿者进行评价和监督等。

(3)志愿者。志愿者是指出于自由意志而非基于个人义务或法律责任,秉承以知识、体能、劳力、经验、技术、时间等贡献社会的宗旨,不以获取报酬为目的,为社会提供各项辅助性服务的人员。非营利组织志愿者通常分为管理型志愿者、日常型志愿者和项目型志愿者。管理型志愿者即加入志愿服务组织理事(董事)会或担任其顾问的志愿者。日常型志愿者,即参与志愿服务组织的日常工作并承担一定的组织角色(包括策划、管理、协调等)的志愿者,他们和志愿服务组织的其他成员一样每天工作。项目型志愿者,主要参与各种志愿服务项目或活动,为之提供支持。志愿者也是非营利组织的重要的人力资源,非营利组织的很多活动都是依靠志愿者来完成的,但这部分人力资源相对不固定,往往是根据具体的组织活动而临时招募的。志愿者低偿或者无偿且易于流动的特点,决定了非营利组织需要采取特殊的管理模式对志愿者进行管理,志愿者管理是非营利组织人力资源管理中最具特色的一个环节。

2.(1)成员来源的广泛性。非营利组织的人力资源系统具有开放性,有酬员工、最高理事会成员与志愿者的招聘都面向全社会公开进行，尤其是对志愿者，只要符合条件，一般是"来者不拒"。

（2）成员目标追逐的非营利性。一方面，有酬员工收入的分配不与组织盈利挂钩，组织的财务制度以均衡为原则，盈利也要用于事业扩大；另一方面，志愿者加入组织是基于志愿、奉献、爱心、公益等非物质性的驱动，而不是为了获取报酬。

（3）成员间关系的平等性。大多数非营利组织的组织结构趋于扁平化，没有严格的等级制度，管理人员和一般员工之间也不是传统意义上的上下级关系。成员之间都是有着共同的使命感和责任感的合作伙伴，彼此之间互相协调、团结合作，为实现组织的目标和宗旨而共同努力。

3. （1）人事相宜原则；

（2）德才兼备原则；

（3）开发与使用并重原则；

（4）激励强化原则；

（5）共同发展原则。

4. （1）作为奖励和惩罚的主要依据；

（2）为具体、全面地了解员工提供依据；

（3）便于员工正确地了解自己；

（4）为员工今后的发展提供依据；

（5）可以为非营利组织建立一种有利的工作环境。

5. （1）理论联系实际原则；

（2）学用一致原则；

（3）按需施教原则；

（4）讲求实效原则。

**（五）论述题**

1.（1）自主管理模式。在这种管理模式下，志愿者拥有全部的工作决定权，他们可以自主处理他们认为应当处理的事情。这样不仅能够调动志愿者的积极性、提高其工作效率，而且还会增强志愿者工作的主动性，激发其承担更多的责任。在一些实施自主管理的非营利组织中，每位员工的工作能力都会得到较大的锻炼，综合素质较高、创造性较强的员工会脱颖而出，成为独当一面的业务骨干。目前，国内外越来越多的非营利组织开始采取这种管理模式，在为志愿者提供较为宽松的工作环境的同时，通过培养志愿者领袖，实现志愿者的自我管理，有力地促进了志愿者管理工作的效能。

（2）定期报告模式。在这种管理体制中，志愿者是工作的主导，可以亲自处理他们的工作，但需要在某些时候向管理者报告工作的进展及已处理的事项，使管理者获得更多的信息，保证工作朝着正确的方向发展。这种管理模式可以发挥志愿者管理者的监督作用，使他们能对志愿者进行经常的监督和管理，从而保证工作沿着既定的路径进行。这种管理是在传统的自上而下的管理模式外引入自下而上的管理反馈机制的一种控制型管理，志愿者的工作目标及目标的实现等都是由管理者来控制的。

（3）监督工作模式。如果管理者对志愿者缺乏足够的信任，那么他就需要采取行动去监督志愿者工作的进展，并减少其工作自主权。在这种管理模式下，志愿者也是工作的责任人，但在采取行动前，他要向管理者提出采取行动的建议并获得认可。这样管理者便可在工作进展上有较大的控制权，如果管理者认为志愿者所做的决定不恰当，能够在行动前制止。

（4）指令工作模式。如果管理者对志愿者的表现十分担忧，唯一适用的便是不赋予志愿者任何自主权的管理模式。在这种管理模式中，志愿者无须为工作提出建议，也不能自行做出决定，他们只需按管理者的指令行事。如果志愿者不知道下一步该怎么办，他们必须请示管理者，管理者也必须为志愿者的行动提出方案。当志愿者被安排到这种模式下，他们工作的主动性、积极性和创造性会受到限制，从而产生厌恶感。当志愿者感到不满时，他们对工作的投入程度会减弱，不易获得令人满意的工作成果，甚至不愿再提供志愿服务。一般是在如下两种情况下考虑采取这种管理模式：一是志愿者并无相关的工作经验，对工作没有足够的认识；二是发生紧急情况，没有足够的时间去聆听志愿者的建议。

2.（1）在人力资源管理上注重价值体系和使命感的作用。所谓价值，是指某人或某事对个人有用或重要，它同时也是个人追求的目标，不同的价值观决定着人们从事各种活动最基本的个人心理倾向，也是决定人们社会行为的最基本的内因。非营利组织具有公益性、慈善性和志愿性的特点，它强调对整个人类的点化和关怀，志愿精神是其灵魂，也是非营利组织凝聚力所在。这一独特的价值体系，不仅赋予非营利组织以明确的目标，使组织具有崇高的使命，而且也激励着每一个员工去兢兢业业地工作，并从事业的成功中得到满足，分享快乐。因此，在创建之初，非营利组织都将这种社会使命确定为自己的宗旨和目标，以此表明非营利组织存在的价值与理由，这一宗旨和目标的确定为非营利组织的正常运转定下了基调。因此，在人力资源管理中，应特别强调价值体系和使命感对员工的激励与凝聚作用。

（2）日常管理与伦理管理相结合。伦理是指人与人相处的各种道德准则。在当今社会，非营利组织要想维持较长的生命力，伦理管理是非常重要的。可以说伦理管理是随着社会经济的发展而被纳入最新管理理论的，它不仅是经济社会和管理理论走向成熟的标志，也同样是非营利组织管理走向成熟的重要标志之一。因此，作为非营利组织的管理者应重视和自觉运用伦理管理，并将其与日常的人力资源管理相结合。非营利组织应遵循的基本伦理包括四个方面：第一，德行伦理，就是要求管理者以好的人格行事，这是对管理者人格的基本要求。第二，责任伦理，要求非营利组织主动承担更多的社会义务，即非营利组织必须以不污染、不歧视、不欺骗的方式来保护自己赖以生存的社会环境。作为社会大家庭的一员，非营利组织还必须融入自己所在的社区，并在公众中树立良好的形象，从而在改善社会中扮演积极的角色。第三，利益伦理，非营利组织不仅要考虑组织自身的利益，而且还要考虑所有关系人的利益。第四，权利伦理，非营利组织要尊重和保护个人自由与法律所规定的各种权利。我们主张将日常管理与伦理管理相结合，就是要有意识地将伦理道德引入管理决策及管理行为中。伦理管理要求非营利组织能够做到无私的社会承诺，恪守法令规章、组织承诺，公益使命优先，尊重个人的价值和尊严，包容社会的多元性并维护社会公平，开诚布公，慎用社会资源等。

（3）在人力资源管理方法上体现出了一些特殊性。①素质要求的特殊性。由于非营利组织不是以获取利润为目的的，而是为社会公益或共同利益服务的独立机构，具有较高的社会使命感，因此，对非营利组织的成员素质应该有特殊的要求，即非营利组织的人力资源，其政治觉悟和道德品质要高于社会整体人力资源的平均水平。非营利组织内的领导、计划、经营、组织等活动应该有较高的自愿参与成分，成员之间要有很强的团队合作精神，成员个人要有较高的道德自律。②培训过程的特殊性。由于对非营利组织人力资源的素质要求不同于一般组织的人力资源，因此，对其的培训也必然有所区别。培训内容除了一般意义上的技能培训与岗位培训，更需要侧重于使命感培训、责任感培训和道德感培训。③激励方式的特殊性。与营利组织相比，非营利组织的成员个人与组织之间缺乏责任相关性，以及直接的经济利益相关性。因此，在对成员的约束和激励过程中，目标激励、人本管理、文化建设及柔性管理显得更为重要。一方面，要通过倡导组织文化、设定组织目标将个体凝聚起来，以组织行为带动和约束个体行为，呼唤起个体成员的责任感和使命感，并用群体的认同感使其感到自身价值。另一方面，要贯彻人本管理理念，实行柔性管理，激发其内在的积极性，而不是热衷于制度、结构和模式。④绩效评价的特殊性。对于非营利组织的人力资源绩效评价与一般组织也有所不同，主要表现在绩效评价不一定与物质激励直接挂钩。在绩效评价过程中，定性的方法一般要多于定量的方法；对于员工贡献的评价，不应看重短期收益，而是要看重长远贡献。

## 第八章　非营利组织的项目管理

（一）填空题

1. 项目管理　　　　2. 项目申请
3. 项目可行性研究　4. 项目建议书
5. 参与人员基本情况　6. 项目执行
7. 项目控制　　　　8. 时间　成本控制
9. 使命与战略评估指标　10. 总论部分

（二）选择题

1. ACD　　2. ABCD　　3. ABC　　4. ABCD
5. C

（三）名词解释

1. 非营利组织的项目控制：是指项目在运作的过程

中，项目的管理者对项目的实施情况进行跟踪监测，把握项目的实施情况和实际进展，并采用各种控制方法，保证项目计划预期目标的顺利实现。

2. 项目评估：是指直接项目投资活动中，在项目可行性研究的基础上，从整体的角度对拟建设项目的计划、实施方案等进行全面的技术、经济论证和评价，从而确定该项目未来发展的前景。

3. 项目管理：是指在有限的时间、预算等现有资源的条件下，将各种知识、技能、手段、技术应用到项目中，对项目涉及的资源进行计划、组织、指挥、协调和控制，以达到项目要求的管理活动。

4. 非营利组织的项目管理：非营利组织为了实现其宗旨，通过项目申请的形式获取资金、人力等社会资源，并优化配置所获得的资源，组织、计划、控制项目的运作过程，达到项目的既定目标。

5. 项目控制：是指以事先制订的项目计划和各项指标为依据，定期或不定期地对项目实施的所有环节和工作情况进行调查与分析，发现项目活动与标准之间的偏离，分析成因，研究纠偏措施，并提出切实可行的实施方案，供项目管理层决策的过程。

（四）简答题

1. （1）围绕组织宗旨开展项目管理活动。

（2）坚持组织项目管理的可持续性。

（3）项目管理过程重视项目申请环节。

（4）项目管理过程注重项目运作效率。

2. 项目建议书的内容可以参考前面所形成的可行性报告。主要包括以下几个方面的内容：

（1）项目建设背景；

（2）项目建设的主要内容；

（3）项目的时间安排；

（4）投资估算与资金筹措；

（5）项目成果分析；

（6）风险应对措施。

3. 项目执行的工作步骤主要有：

（1）安排即将进行的工作；

（2）对进行工作的人员授权；

（3）时间控制和管理；

（4）项目费用预算管理；

（5）组织项目团队按照项目计划完成预定的工作。

4. 非营利组织项目评估的原则主要包括：

（1）项目评估的客观、公正且科学原则；

（2）项目评估的可比性原则；

（3）定量分析与定性分析相结合的原则；

（4）公开性和反馈性相结合的原则；

（5）微观效益分析与宏观效益分析相结合的原则。

5. 在进行项目评估的时候，可以遵循以下的基本程序：

（1）项目评估组织安排；

（2）项目评估资料收集；

(3) 项目审查分析；

(4) 项目评估报告的编写。

**（五）论述题**

1. 可行性研究的成果最终要形成可行性研究报告。针对不同类型、不同规模的项目，可行性研究报告会依据实际情况有所增删。一般来讲，项目可行性研究报告包括以下几个部分：

（1）项目总论部分，主要包括项目的基本情况、可行性研究结论、存在的问题及建议等内容。

（2）项目背景和发展概况，主要是论述项目提出的背景、项目发展的概况以及项目投资的必要性等内容。

（3）项目的对象、市场分析，主要是对服务对象和市场进行调查，了解服务对象和市场的现实需求，从而决定项目实施的方案和建设的规模。

（4）建设条件，主要是论述现有的和需要的资源情况，并对建设区域等环境进行选择。

（5）技术方案，包括项目的组成、具体的生产技术方案和其他工程等方面。

（6）项目组织，包括主持该项目组织的组织形式、工作制度、与合作机构的合作方式以及组织人员培训等方面。

（7）项目实施的进度安排，主要是对项目实施的各阶段进行确定，形成项目实施进度表，并将实施过程中所需要的费用罗列出来。

（8）投资估算和资金筹措，主要包括项目总投资的估算、分析资金筹措的途径，以及资金的投资使用计划等。

（9）可行性研究结论与建议，主要包括项目可行性研究之后形成的结论、一些附件和附图等。

2. 在评估提纲的基础上，非营利组织评估的内容主要有：

（1）项目目标和投资必要性的评估；

（2）项目的设计和建设条件评估；

（3）项目财务情况评估；

（4）项目成果评估；

（5）项目组织和管理能力评估；

（6）受益对象评估；

（7）总体评估。

# 第九章　非营利组织营销

## （一）填空题

1. 组织目标　　　　2. 社会管理过程

3. 产品　价格　推广　渠道

4. 服务　　　　　　5. 公共服务

6. 公信度　　　　　7. 范围

8. 谋求本组织的发展壮大　为目标顾客提供最大利益

9. 社会化

10. 重温组织的宗旨　分析组织面对的环境　分析组织的优势和劣势

11. 宗旨　　　　　　12. 外部环境

13. 产品策略　定价策略　分销策略　促销策略

14. 以满足客户需求为中心的观念

15. 非营利组织多元化经营

（二）选择题

1. ABCD　　2. A　　　3. ABCD　　4. BCD

5. C　　　　6. BCD　　7. ABC

（三）名词解释

1. 非营利组织营销：在达成组织目标、满足消费者需要的交换过程中，非营利组织通过创造、提供及与他人交换有价值的准公共物品而满足自身的需要与欲望。

2. 非营利组织的"4P"核心：营销的核心是所谓"4P"，即产品、价格、推广、渠道。对于非营利组织营销来说，同样遵从这样的核心。

3. 非营利组织的内部营销：针对员工和组织成员的营销。与针对服务对象和捐助对象的外部营销相比，非营利组织的内部营销强调公益性、慈善性、志愿性。

4. 非营利组织多元化经营：是指非营利组织为满足市场的需求，同时提供多种准公共物品或服务的经营方式。与营利组织不同，非营利组织多元化经营并不以获取投资的最高回报率为最终目的，而是以实现其社会使命和共同愿景为宗旨。因此，在实施多元化经营时，非营利组织更多考虑的是其社会使命。

（四）简答题

1. （1）目标的多重性。非营利组织实施营销管理，虽然不以盈利为目标，但其追求的目标至少有两个：对内谋求本组织的发展壮大，对外为目标顾客提供最大利益。对其而言，利润不是第一目标。它倾向于追求多重目标，其中最主要的目标是实现组织的使命，造福整个社会，当然同时要尽可能地增加收入，使组织生存、发展、壮大。

（2）营销的社会化。非营利组织的营销注重客户的长远利益和长期社会福利，因此，在其营销活动和计划中含有较多的社会营销成分，有的非营利组织还设置了社会营销经理这一职务。另外，志愿者等的社会参与，可以降低非营利组织的营销成本，提高组织营销的效率。非营利组织的营销具有社会化的特征，因此，在实施过程中，组织形象的塑造和公关手段的运用就成为两个十分重要的方面。

（3）服务的广泛性。非营利组织不仅要服务顾客，同时也要对捐助者营销。因为捐助者是非营利组织的资金来源，缺少了捐助，非营利组织将无法运作。另外，还要处理好与其他利益相关者的关系，要运用好公共关系营销手段，维护好自身的公众形象。

（4）营销的伦理性。现代医疗、教育、福利、科技等非营利活动，无不受到伦理的制约与影响。因此，非营利组织在进行营销活动时，要以人为本，要求员工不仅具有深厚的专业知识、高超的技能，而且具有高度的责任感和崇高的个人道德。良好的声望与信用有助于非营利组织吸引顾客、捐赠者、潜在的志愿者和其他部门的支持者。

2. 对非营利组织而言，需要接纳和树立正确的市场营销观念，并结合实际情况，不断更新营销观念。具体应从下列几个方面更新：

（1）树立以顾客为中心的营销理念。非营利组织开展营销，首先必须牢固树立以顾客为中心的现代营销观念。营销规划应从顾客观念、需求和欲望开始研究，对市场进行细分，满足顾客的需求：①广泛倾听各类顾客对组织发展的意见；②了解顾客的愿望和需求；③任命适当的员工专职负责营销业务；④在组织内部形成一种遵循市场规律并以市场为导向的决策氛围；⑤鼓励员工的创新和冒险精神。

（2）增强以人为本的内部营销理念。内部营销，即针对员工和组织成员的营销，更加强调道德感与组织伦理。非营利组织应要求员工不仅具有深厚的专业知识、高超的技能，而且具有高度的责任感和崇高的个人道德。非营利组织要制定一整套内部沟通规划与战略安排，不断调整、权衡、整合员工的价值追求和责、权、利的关系，培养员工对组织的忠诚度，建立有效的内部沟通机制包括沟通调查、座谈会、员工集体活动、员工例会等。

（3）深化自强自立的竞争意识。非营利组织与营利组织之间也存在着一定的竞争。非营利组织的生存和发展要求构筑自己牢固的经济平台。非营利组织必须自强自立，不能仅依靠传统的经济来源，而必须自己筹措资金。

3.（1）非营利组织的多元化经营。非营利组织多元化经营是指非营利组织为满足市场的需求，同时提供多种准公共物品或服务的经营方式。非营利组织多元化经营受以下几个重要因素的影响：①顾客关注因素的多样化；②顾客更重视服务品质的趋势；③社会文化的多元化。非营利组织应以需求为导向，挖掘消费者的潜在需求，开拓新的市场，通过共享非营利组织的价值链活动，提高差异化，完成其社会使命。

（2）主动寻找企业合作伙伴。面对竞争，非营利组织和企业合作是一个双赢的选择。合作的主要形式有：①公益推广活动；②共同的主题营销；③合法许可证方式的营销。

（3）确立与政府的新关系。在非营利组织营销过程中，非营利组织与政府的关系由原来的管与被管朝着平等合作的伙伴机制发展。应把原来由政府职能部门承担的公共服务交给非营利组织承担，并增强公共服务生产者的可选择性和价格机制的导向作用。尽量采取政府采购的方式，选择承接政府转让出去的公共服务的非营利组织。体现政府扶助的导向性，把社会急需、公益性强、活动能力强的非营利组织作为重点扶持对象。

**（五）论述题**

1. （1）客体不同。与营利组织不同的是，非营利组织不仅要对顾客进行营销，还要考虑对捐助者的营销。前者涉及资源的吸引和配置，而后者仅涉及资源吸引问题。此外，非营利组织还要妥善处理与其他各种利益相关者的关系。

（2）目标或使命不同。利润最大化是营利组织所追求的目标,而非营利组织所追求的是经济效益、社会效益、生态效益的最佳整合。营利组织营销奉行的核心理念是"以顾客为中心,顾客永远是对的",但在非营利组织中这并不正确。

(3)非营利组织产品多为服务。大多数非营利组织提供的产品主要是服务和社会行为,而服务与商品是有一定区别的,它具有无形性、不可分离性、可变性、不可储存性和无权性等特征,因此非营利组织营销具有明显的服务营销的特点,强调人是服务产品的构成因素,重视内部营销管理,更加强调顾客的时间成本等。

(4)非营利组织要接受更严格的公众监督。由于非营利组织享受税收上的优惠并能获得无偿资助,而且很多工作人员都是志愿者,因此,开展营销活动时往往要接受更严格的公众监督。非营利组织的一举一动常常引起大众媒体、捐助者和顾客的关注。

2. 非营利组织的内外部环境分析是指对其具有的组织条件和面临的市场环境的分析。这是策略性营销的第一步。做好非营利组织营销的内外部环境分析主要包括三个方面:

(1)重温组织的宗旨。非营利组织的宗旨和营利性组织的截然不同,它更倾向于实现社会福利,为社会造福而不是创造利润。宗旨赋予了非营利组织一定的公益使命,这种使命要求非营利组织不能以谋取私利为目的,而要通过积极的营销和市场活动来服务于社会大众,为改善人类生存条件做出贡献。

（2）分析组织面对的环境。非营利组织进行营销时应仔细分析各环境因素，以便选择正确的目标市场，具体包括：①一般环境。一是组织发展的社会环境，诸如政治、法律、经济、社会、文化、科技、教育等；二是组织发展的外部条件，诸如资助者、政府、媒体、受益者、合作伙伴、竞争对手、社区居民等。②市场状态。需要分析：目前市场是怎样划分的？市场由哪些部分构成？市场的结构和层次如何？等等。③受益者。需要分析：谁是非营利组织营销直接的和间接的受益者？谁是潜在的受益者？受益者的需求及其潜在的需求是什么？等等。④竞争者。需要分析：谁是非营利组织营销直接的或现在的竞争者？谁是间接的或潜在的竞争者？竞争者的规模如何？等等。⑤其他人群。志愿者、资助者、专业团体、政府各级机构、非受益人群的普通民众、评价者、旁观者等人群的存在以及他们组织各自的行为、意见、偏好等特征及其变化，都会影响非营利组织。

（3）分析组织的优势和劣势。①明确组织的目标。在重温组织的宗旨和分析组织面对的市场环境的基础上，要明确组织开展营销活动的具体目标。②明晰定义组织的资源。包括财力、人力、物力、信息、技术、经验、管理、计划、人文环境、凝聚力等要素。③政策。指的是除营销战略以外的组织发展政策，包括针对主要的受益人群、资助者、社区居民以及其他顾客所采取的政策。

3. 非营利组织通过营销组合在目标市场上开展活动以

实现自己的目标。营销组合的四个要素是非营利组织营销的核心,即"4P",包括产品、价格、推广和渠道。

(1)产品策略。对产品进行研究是非营利组织营销的关键所在。非营利组织在制定产品策略时,要注意以下几方面:第一,非营利组织要根据顾客对产品的需求情况来开展营销任务。非营利组织产品的需求不同,所要开展的营销任务就不同。第二,非营利组织必须做好与产品相关的社会服务。非营利组织不仅要掌握推销观念和实践的技巧,还需要掌握推销服务的技巧。第三,非营利组织要为产品设计独特的品牌。品牌已经成为联系顾客和非营利组织的桥梁和纽带,顾客通过品牌来了解组织,组织通过品牌来更好地满足顾客的需求。

(2)定价策略。非营利组织在采用产品定价策略时,首先要以组织的宗旨为中心进行评估。非营利组织的定价策略要为组织的使命服务。非营利组织可以用部分收入扩大组织的规模、促进事业的发展,从而更好地为人民和社会服务。在采用定价策略时,非营利组织可以通过减少顾客的交通时间和等候时间,以及向顾客提供高质量的人际交流和广泛的信息指导等方式来尽量降低顾客的时间成本和顾客感知风险。

(3)分销策略。非营利组织可以通过以下渠道分配组织的产品:①传媒。主要包括电视、收音机、报纸、户外广告、网络等各种类型。②志愿者。志愿者代表了整个组织的形象,他们与顾客对非营利组织营销问题的交流决定着组织的成败。③专业人员。非营利组织在产品分配时可以通过奖励和营销计划来吸引专业人士的加盟，使他们觉得参加非营利组织的活动可以得到资金的赠予和声誉的提高。

（4）促销策略。非营利组织主要利用广告和公共关系来传播有关信息，常用的方法包括：①通过公益广告、慈善广告等提高组织的知名度；②通过邮寄的方式有针对性地使顾客了解组织产品的信息；③借助各种媒体发表关于非营利组织的各种正面新闻；④经常组织一些由志愿者参加的公关活动，通过这些活动引起公众的注意，树立组织的形象。

## 第十章　非营利组织的评估

（一）填空题

1. 连续性　　　　2. 学习
3. 工作内容　　　4. 开始实施之前
5. "APC"　　　　6. 性质
7. 权数　　　　　8. 越大
9. 水平逻辑关系　10. 外部条件
11. 定量分析　　　12. 综合对比法
13. 非量化　　　　14. 不同的方法
15. 目标群众

（二）选择题

1. BCD　　2. ACD　　3. ABCD　　4. ABCD
5. ABD　　6. ABCD　 7. ABCDE　 8. ABCD

9. ABCD　　10. D

**（三）名词解释**

1. 评估：是指对评估客体的价值进行判断和评价，或者对社会干预的效果进行考察和研究。

2. 指标：是反映总体现象的特定概念和具体数值。

3. 指标体系：是指根据研究的目的和需要，将有内在联系的、有代表性的重要指标科学地、有机地组合成指标群。

4. 逻辑框架法：即根据事物的因果逻辑关系，用一张简单的框图（4×4矩阵）来清晰地分析一个复杂项目的内涵和关系。

**（四）简答题**

1. 评估与监测的主要区别在于：

第一，评估是一定时限内的工作，而监测是连续性的职能，它贯穿于计划、项目或政策过程的始终。

第二，评估是根据具体情况，有选择地进行。也就是说，并不是每一个项目、计划或政策都需要进行评估，而监测活动原则上需要对所有项目、计划或政策都执行。

第三，监测是针对单个项目进行，而评估可以针对一个或几个项目、计划或政策进行，如行业评估。

第四，监测只需要记录实际的数据，用于与计划数据对比，而评估不仅可以利用监测数据，通常也需要进行一些项目、计划或政策以外的数据对比。例如，与行业标准规范对比，或与同类同规模的项目、计划或政策的数据对比。

第五，监测通常通过定期的报告、报表、考察等方式，向项目、计划或政策的执行员了解投入、活动和产出情况，而评估主要通过阶段性的座谈、考察或问卷调查等方式向服务对象了解工作的效果、效率、影响和持续性。

2. 审计是一种审查或复核，即对条件、过程或工作完成情况与预定的标准或规范的差距做出评判。它包括对公共部门（即政府部门或非政府部门）财务与符合性审计、管理与经营审计和效果的审计。审计在定位和目标上都不同于评估。审计的重点是判断与现有的规划和规定是否相符，而不是要建立与计划、项目或政策的相关性，确定可能产生的影响或结果的可持续性。而评估的重点在于判断计划、项目或政策的相关性及效果、效率、影响和可持续性。

审计是以法律和有关规定为准绳，其侧重点是财务方面的审计。它的目的在于确认公共部门的管理人员是否遵守各种法律、规定、合同，是否履行了其职责；了解公共部门是否经济、有效地使用了资源，达到向公众提供服务的目的。

另外，审计的目的不在于通过审计总结计划、项目、政策实施的经验，而评估的目的之一在于通过评估进行学习，获取知识与经验。因此，有专家认为评估减去学习等于审计。

3. 指标体系的主要作用大致可概括为：

第一，评价经济和社会是否协调发展，研究社会结构、人口素质、经济效益、生活质量、社会秩序等方面的相互关系和发展变化情况，并对其社会效益和社会影响进行综合评价。

第二，检测和揭示社会发展过程中的社会矛盾、社会问题、各阶层利益分配等问题，并分析产生矛盾和问题的原因，及时提供给政府有关决策部门，以便采取对策。

第三，进行国家间、地区间、部门间社会发展水平的评价和比较，从比较中找到差距和薄弱环节，并分析落后的原因。

第四，可进行社会发展趋势的分析，制定社会政策，还可利用预测手段制定社会发展战略和规划，对社会进行有效的宏观管理。

另外，评估性指标体系还具有导向作用和激励功能。

4. 第一，目的性原则。任何指标体系的设计，都是围绕一定目的、一定需要服务的。因此，在确定每一个单项指标时，都应考虑此项指标在整个指标体系中的地位和作用，依据它所反映的某一特定研究对象的性质和特征，确定该指标的名称、含义和口径范围。

第二，科学性原则。指标体系总体结构设计是否合理，直接关系到评估的质量。因此，设计指标体系时，应尽可能在理论上有科学根据，在实践上切实可行。只有这样，评估指标体系才能正确揭示事物现象的本质，从而为社会政策和社会管理服务。

第三，可比性原则。评估的目的之一是通过比较判别优劣。所以，在构建评估指标体系时应尽量注意可比性问题，可比性包括两个方面，一是横向可比性，二是纵向可比性。因此应尽量选择含义明确、口径一致的评估指标。

第四，系统性原则。系统性是指指标体系内部指标之间具有一定的逻辑关系，而不是杂乱无章的罗列。即在设计指标体系时，应尽量考虑研究对象各方面的有机联系。这样才能综合而全面地认识社会现象的数量关系和内在规律。

第五，既全面又精简的原则。

5. 快速农村评估法主要是通过决策者来收集信息，或为决策者收集信息，它的缺点在于这种形式的评估很难促使受益者或目标群体采取主动的行为。与快速农村评估法相比，参与式评估法更强调参与过程本身，通过参与评估过程促使不同的利益群体进行评估并采取行动，而不是仅由非营利组织单独采取行动。也就是说，参与式评估通过受益者或目标群体的参与进行评估，并通过评估中的学习和信息反馈影响项目未来的结果或后续项目的结果。一般而言，参与式评估能够较好地避免为评估而评估的做法，从而取得预期的评估效果。

（五）论述题

1. 我国学者构建了关于非营利组织问责、绩效和组织能力的全方位评估理论，简称"APC"评估理论。非营利组织的问责、绩效和组织能力是密切相关、相互作用的。问责性评估是保证非营利组织公信度的制度安排，它有助于保证非营利组织做正确的事情，有助于提升非营利组织的责任、声望与合法性，而组织的声望与合法性是非营利组织成功的必要条件之一；绩效评估是保证非营利组织有效使用稀缺资源的制度安排，它有助于保证非营利组织正确地去做事；组织能力评估是保证非营利组织提升组织能力的管理工具，它是非营利组织持续提升组织的问责性与绩效的基础。可见，只进行组织绩效评估，容易导致评估流于形式和评估结果难以发挥作用，组织的能力也没有得到相应的提升。这也是当前我国一些非营利组织虽然暂时取得了良好的绩效但随着项目或活动结束组织也逐渐衰亡的原因。只进行问责性评估，容易出现组织有心无力的情况，或者虽然没有贪污、腐败，但是资源的使用效率不高。只进行能力评估，容易出现组织能力虽然提高了但是组织却没有做正确的事或正确地做事的现象。

2. 从各国非营利组织评估的实践看，评估的程序基本大同小异。通常来说，非营利组织的评估程序包括以下几个步骤：

第一步，由非营利组织根据评估指标体系与评估标准进行自我评估。通常，非营利组织应该成立一个评估委员会，然后根据评估指标与标准，逐项进行打分。有的指标，特别是定性方面的指标，非营利组织需要举证，即给出足够的证明材料，并将证据作为附件附在评估材料中。

第二步，评估机构收到非营利组织自我评估材料后，由工作人员进行形式上的审核，检查自我评估的材料是否齐全、举证是否充分。如果有不完整或不清楚的地方，由工作人员与被评估机构沟通、补充。最后，条件许可的话，可以将非营利组织自我评估报告中的部分内容挂在评估机构的网站上，接受公众监督。

第三步，由相关利益群体和专家组成一个综合的评估小组。

第四步，由综合评估小组对重要的、大型的非营利组织或有不良记录的非营利组织、有公众举报的非营利组织进行现场检查，也可以进行随机抽查。

第五步，将评估结果告知被评估机构，并有专门渠道接受非营利组织的申诉。

第六步，发布评估结果。

3. 采用有无对比法和采用前后对比法进行评估，结果有时相差很大，甚至可能会得出相反的结论。因此，在评估时，要特别慎重选择评估的方法。在项目的结果一般只受项目因素影响而很少受到其他非项目的外部因素影响的情况下，可以选择前后对比法；在项目的结果除受项目因素影响外还受许多非项目的外部因素影响的情况下，适宜采用有无对比法。

由于有无对比法需要同时对试验组和控制组进行测度，往往会增加评估的费用与评估的时间（特别是当控制组与试验组距离较远时），因此，在评估的经费有限、预算的评估时间较短时，适宜采用前后对比法。另外，由于有无对比法不需要前测值（前提条件是假定试验组和控制组的基线值相同），因此，在缺乏前测值的情况下，可采用有无对比法。

然而，有无对比法也有一个较大的局限，即它假定试验组和控制组的基线值相同，而实际生活中，这一假定条件并不存在。尤其是当试验组和控制组基线值相差较大时，采用有无对比法有较大的误差。这时可以采用另一种对比法，即综合对比法。

需要注意的是，虽然综合对比法相对准确，但由于综合对比法既需要项目实施组与控制组的前测值，也需要项目实施组与控制组的后测值，对评估经费与评估时间的要求更高，这对于非营利组织来说无疑是较大的负担，因此，在非营利组织的实施评估过程中，综合对比法并不经常使用。

# 后　　记

本书是与《非营利组织管理》相配套的辅助教材。它介绍了主教材每一章的知识结构、基本概念、重点与难点问题，并提供了自测题。这本辅助教材可以有效地帮助学习者学好这门课程。

参与本书编写的人员及分工如下：

宋晨枫：第一章

黄　波：第二章、第六章

谢炜聪：第三章、第八章

吴乐珍：第四章、第五章

古小华：第七章

陈　岩：第九章

黎明、吴乐珍：第十章

编　者

2020 年 10 月